心一堂術數古籍珍本叢刊

書名：批注地理辨正再辨直解合編（下）
系列：心一堂術數古籍珍本叢刊　堪輿類　第二輯　202
作者：【清】蔣大鴻原著、【清】姚銘三再註、【清】章仲山直解
主編、責任編輯：陳劍聰
心一堂術數古籍珍本叢刊編校小組：陳劍聰　素聞　梁松盛　鄒偉才　虛白盧主

出版：心一堂有限公司
通訊地址：香港九龍旺角彌敦道六一〇號荷李活商業中心十八樓〇五—〇六室
深港讀者服務中心：中國深圳市羅湖區立新路六號羅湖商業大厦負一層〇〇八室
電話號碼：(852)67150840
網址：publish.sunyata.cc
電郵：sunyatabook@gmail.com
網店：http://book.sunyata.cc
淘寶店地址：https://shop210782774.taobao.com
微店地址：https://weidian.com/s/1212826297
臉書：https://www.facebook.com/sunyatabook
讀者論壇：http://bbs.sunyata.cc/

版次：二零一七年十月初版
平裝：兩冊不分售

定價：港幣　五百八十元正
　　　新台幣　二千二百元正

國際書號：ISBN 978-988-8317-89-9

香港發行：香港聯合書刊物流有限公司
地址：香港新界大埔汀麗路36號中華商務印刷大厦3樓
電話號碼：(852)2150-2100
傳真號碼：(852)2407-3062
電郵：info@suplogistics.com.hk

台灣發行：秀威資訊科技股份有限公司
地址：台灣台北市內湖區瑞光路七十六巷六十五號一樓
電話號碼：+886-2-2796-3638
傳真號碼：+886-2-2796-1377
網絡書店：www.bodbooks.com.tw
台灣國家書店讀者服務中心：
地址：台灣台北市中山區松江路二〇九號一樓
電話號碼：+886-2-2518-0207
傳真號碼：+886-2-2518-0778
網絡書店：http://www.govbooks.com.tw

中國大陸發行　零售：深圳心一堂文化傳播有限公司
深圳地址：深圳市羅湖區立新路六號羅湖商業大厦負一層〇〇八室
電話號碼：(86)0755-82224934

心一堂微店二維碼

心一堂淘寶店二維碼

地理辨正再辨直解合編

雲間蔣平階大鴻補傳　門人　會稽姜垚參定

桐鄉姚銘三　再註　無心道人增補　直解

都天寶照經　唐楊益筠松著

上篇

楊公妙訣不多言實實作家傳人生禍福由天定賢達能安命貧賤安墳富貴興全憑龍穴眞龍在山中不出山掛在大山間若是沙曲星辰正妝得陽神定斷然一葬便興隆父發子傳榮

蔣氏曰此一節專論深山出脈老龍幹氣生出嫩枝之穴。

[直解]此節論深山老龍幹氣專取嫩枝之法謂既得嫩枝。再求真穴情形再看主山端正峰巒秀美神氣充足。砂水朝歸。再兼用法處處得宜自有一葬便興之應。龍在山中不出山掛在大山間者此言老幹抽出嫩枝之情狀也。

好龍脫刼出平洋百十里來長離祖離宗星辰出此是真龍骨前途節節出兒孫文武脈中分直見大溪方住

手諸山皆不走個個回頭向穴前城郭要周完水口亂石堆水中此地出豪雄若得遠來龍脫刼發福無休歇穴見陽神三摺朝此地出官僚不問三男并五子富貴房房起津湖溪澗同此看衣祿榮華斷大水大河齊到處千里來龍住水口羅星鎖住門似大將屯軍落頭定有一星形非火土卽金正脈落平三五里見水方能止二水相交不用砂只要石如麻更看硤石高山鎖密密來包裹此是軍州大地形細說與君聽

蔣氏曰此一節專言大幹傳變行龍盡結之穴謂之

脫刦龍又名出洋龍雖云城郭要用完總之城郭都在龍身上見不必于穴上見。葢龍到脫刦出洋雖衆山擁衛而行前數節羣支翼張。羽儀簇簇至于幾經脫卸之后近身數節將結穴時。龍之踪跡愈變而龍之機勢愈疾此非左右二砂所能幾及。往往龍只單行譬之大將匹馬單刀所向無前一時偏裨小校都追從不及所以有不用砂之說也。高山不甚重水獨此等龍穴。以水為證者何與山剛水柔水隨山之行以為行山不隨水之止以為止。而云直見大溪方往者。非謂山脈遇水而止也。正因山脈行時水不得不與之俱行則山脈息時水不得不與之俱息故幹龍大盡之地自然兩水交環有似乎千里來龍遇水而止也既云不用砂而又云密密包裹者何也夫結穴之處雖不取必于兩砂齊抱要之眞龍憩息之際定不孤行外纏夾輔隱隱相從水口星辰有時出現大爲硤石小爲羅星近在數里遠之二三十里皆不可拘前所謂砂指本身龍虎而言後所謂鎖指外護捍門而言也只要石如麻則不止謂水口而已正言本身結穴之地蓋幹龍剝換數十節其渡水崩洪穿田過硤不止一處若非石骨龍行何以見眞龍結體今人平地墩阜悞認來龍指爲大地正坐此弊也凡去山數里即有高阜或由人工或出天造既無眞脈相連又不見石骨稜起總不謂之龍穴所以落平之龍重起星辰必要石如麻也有石脉乃爲眞龍有石穴乃爲眞穴山龍五星皆結穴其云落頭一星獨取火土金者大約近祖支龍蜿蜒而下都結水木出洋幹結踴躍而起都作火土金雖不可盡拘而大體有如

是者前章一葬便興父發子榮是言山中支結龍穪而局窄往往易發此章言發福無休歇五子房房起是言出洋大盡龍老而局寬往往遲發而久長意在言表也

姜氏曰前章言山谷初落之穴此言出洋盡結之穴山龍之法雖不盡于此而大畧已備于此矣

姚氏曰銘旨地理蒙先大父彩章公遺有看山龍之書先伯父庭聞公珍藏付之敬謹參詳歷覆名墓相符今註此節畧言梗概雖然山龍實形實用穴向一

定。而易於水龍。不明妙理。亦是無從捉摸。總作門外漢耳。其看山之法。首追起脈。以分餘枝。何以知脈之起。必有天弧天角之照。照有正側之分。始明其屬何氣。則辨結有據。而脈起之初。非火即金。以由金剛火烈。風不能撓。水不能漂。其勢如火之燄。或若雲與浪湧。發足似飛。猶萬馬之奔騰。像驚蛇之亂攛。諸山擁簇。羣峯翼衛。竟有不可止之狀。故曰脫劫而觀出帳幾層。蟬翼鰕鬚。皆屬內帳之別稱。龍之尊貴。全在帳之層數多寡而定。出帳初次傳變為祖。其二一為宗。其

三爲之備命星體之辨言命可知此下起峯則爲龍
樓寶殿或分枝闢派枝有枝結之法龍側龍脊亦結
必度其情未可妄阡其龍之行猛而且疾一有降勢
則崩洪渡水無水之處必然跌斷斷之里數不定其
要惟識斷起之訣多斷更佳斷後復起而有周正高
峻之峯名曰間星不甚高大者爲之間氣有此龍必
回頭或轉折而行若龍行如舊不作間星間氣而論
必待間星或間氣現之龍轉其身爲之金牛大轉車
又名翻轉身脈得曳動乃由龍力之大轉身之後起

峯爲之父母父母之後其勢已緩龍行至此剝換幾經脫卸再再其有起伏之狀一得蜂腰鶴膝因有蜂腰之束始有鶴膝之放而生峯過狹狹有長短整虧土石之分如有天罡孤曜掃蕩純水燥火金土日月照之非言諸星全照得其一二之說狹內亦能結地無照不結另起星辰前往其有蜿蜒頓跌之形愈多愈美必詳起落頭星峯而此去不遠矣但凡此等出洋大盡之龍在山在麓而結地者少落平者多其去里數不定落平後則隱其形所認無非馬蹄蛛絲螺

蚌之跡。兩水環繞甫結。須見有據。如情未止。雖有水界。亦屬非是。而結有正側轉迴順逆不等。其有微吐顯吐。微吞顯吞。而分四季之結。且有陰落脈陽落脈之辨。來龍脈大。尙行多少。奇結甚至案山俱無。另有取法。所以專重龍眞穴的。不在案之美惡。而外砂亦有齊抱。並有一順一逆。一有一無。一明一暗。兩砂齊逆。以由五星之性不同。至貴在於穴中。不重於外象也。此等餘龍石穴者多。太極暈者少。穴中枕棺龍口龍虎之石。缺一非穴。今人但見四面是石。即爲穴補。

此乃爲之石坑猶同石上栽物耳要而言之其重貼
體星跡欲識結之與穴惟詳星辰之傳或水木傳金
日月傳土金傳孤曜純水傳掃蕩燥火傳土金水傳
木蕩金傳金於中傳變不一須明孤角祖宗儲命之
母之根底方知子孫形跡始悉石色高形節泡之辨
別而追龍認結全在跡之與情不在形之於象捉脈
必在雞鳴識地須詳龍歇脈大結異何能顯出窩鉗
乳突之狀不得其中妙理斷不能得其眞者也且羅
星亦有分辨或全石渾土上石相兼有無亢臍或挺

立。正。斜。倒。側。有脚無脚。在水在岸。離地理數遠近不等。至於城郭。而有內護外護。並旗鼓各物。是否後龍自帶。或由他龍另成。城閉之內。外必有應星。其有內外之分。俗師不知。而作羅星看之。此乃明地之大小。發之遠近。枝結亦大同小異。惟穴法不同。宜蜕鬼曜之分。地大鬼結非一。然天罡孤曜。掃蕩燥火。貫頂出脈。形殊陋惡。豈知妙在其內。大地每出於此。故有上山蛇下山蛇之名。況地之無煞。則無其權。其謂留煞作証。而用法有殊耳。雖然言其略約。盡是山龍妙訣人能悟之。雖未登堂入室。可入其門。勝看他書於百部矣。蔣公聊表大勢。於是代為續之。而山龍言易。因俗師胡論外象。究其所實。外象何曾知之。抑且來去尚在未曉、一味言形說象。分文辨武。盲猜瞎度。妄談高低衰旺而已。至如結地穴法。竟在夢中之未醒也。故看山龍、必須生得一雙好腿耳

〔直解〕上節言老龍幹結。此節言出洋盡結。大凡龍氣落平。穿江渡河脫卸淨盡、再起星峰者。謂之脫胎又名出洋。氣勢踴躍。千變無窮。難於言狀。只可

言其大概情形耳

天下軍州總住穴何曾撐著後頭龍只向水神朝處取莫說後無主立穴動靜中間求須看龍到頭

蔣氏曰此節以下皆發明平洋龍格與山龍無涉矣楊公唐末人唐之言軍州猶今之言郡縣也蓋以軍州爲證見城邑鄉村人家墓宅凡落平洋並不論後龍來脈但取水神朝繞便爲眞龍憩息之鄉夫地靜物也水動物也水之所止即是地脈所鍾一動一靜之間陰陽交媾雌雄牝牡化育萬物之源所謂玄竅

相道郎州家玄關一竅也此便是龍之到頭非舍陰陽交會之所而別尋龍之到頭也識得此竅則知平洋眞龍訣法而楊公寶照之秘旨盡矣看龍到頭有口訣

姚氏曰平壤之貴貴莫過於後空乃由水神朝繞故空其後而得動之配靜以合眞陰眞陽之交媾沖和之正由斯相貫此點脂膏爲之天地精華爲之陰陽妙液爲之源頭星辰爲之己身託命聚四勢八方之精氣收于流萬派之血脈雌雄合化以是生生不已其龍到頭者爲平洋之眞訣於戲靑囊三卷八卦五

行玄空大卦盡於後空之妙矣

直解 動靜二字其說有三一山形水勢有陰陽動靜之分一干支卦位有陰陽動靜之分一天主動地主靜天地有陰陽動靜之分天主動即其至動之中亦有四時往來陰陽動靜之分地主靜即其至靜之中亦有起伏止行陰陽動靜之分天以靜而生地以動而成曉得至動之中有靜至靜之中有動看龍到頭之法過半矣立穴之法亦過半矣所云到頭者非山之到頭又非水之到頭正謂玄

空生旺到水謂之到頭也此到頭二字乃空龍之妙訣當默默識之○隨時變易顛倒無定者謂之動止蓄團聚干支純粹謂之靜靜者安定于下動者流行于上觀其靜與動氣與質相配相得之處便是到頭

訣註云另有口訣大畧如是

楊公妙訣無多說因見黃公心性拙全憑掌上起星辰類聚裝成為妙訣大山喚作破軍星五星所聚脈難分但看出身一路脈到頭要分水土金又從分水脈脊處便把羅經照出路節節同行過峽眞前去必定有好處

子字出脈子字尋莫教差錯丑與壬若是陽差與陰錯
勸君不必費心尋

蔣氏曰自此章以下皆楊公平洋秘訣字字血脈而又字字隱謎非眞得口口相傳天機鈐訣者未許執語言文句方寸羅經而妄談二十四山八卦九星之理也苟得口傳心受則雖愚夫穉子可悟楊公心訣不得口傳心受縱智過千夫讀破萬卷何能道隻字耶此書乃楊公當日裝成掌訣傳與黃居士妙應者大山嶼作破軍星言水法渙散迷茫之處五星混雜

出脈未見分明概名之曰破軍而不入龍格只取龍神一路出身之脈其脈又分水土金三星合貪巨武爲吉而餘星皆所不取此三星者乃形局之星非卦爻方位之貪巨武也學者切莫誤認自分水脈會以下乃屬方位理氣矣故云便把羅經照出路也蓋看得水神龍脈既合三吉星格其地似可取裁乃將指南辨其方位以定卦之合不合也合卦則用之不合卦仍未可用也節節同行卦無偏雜乃許其爲過脈峽眞而知前去定有好穴不然則行龍先見駁雜到

頭何處剪裁子字以下乃直指看龍訣法而舉坎卦一卦爲例若出卦是子字須行龍只在子字一宫之內乃爲卦氣清純如偏于左而癸與丑雜是子癸一卦而丑字又犯一卦也如偏于右而壬與亥雜是壬子一卦而亥字又犯一卦也此爲卦中之陽差陰錯非全美之龍故云不必費心尋也

姚氏曰水路交馳五星與雜其以破軍名之惟取出身之脈必分水土金者其重在於形局木火諸星爲形之所忌蔣公故云餘皆不取貪巨武三吉天元歌

所謂五曜。只求金水土。若應三垣。幷列宿。五星論定穴應裁。是言此意。星格旣合可用。則辨其方位卦理。脈之偏正。若能節節淸純。而無駁雜。其局已成。設有偏之左右。玄空大卦。惟忌出宮。幕講曰。局法如差錯。兒孫立見窮。縱然免強裁取。終非全吉之地。不若捨此而另求。其曰不必費心尋也

〔直解〕求法渙散之處。五星混雜。卦爻錯亂。最難分辨。只要貼身小水。引動龍神。有千流萬派。都歸此小水之情狀者。卽是一路出身脈也。此此水之星體

情形方位干支曲直動靜。須辨合與不合。星體合
吉則用之。不合則不必用之。所謂子字出脈。子字
尋。總言看龍之法。理氣之要。稍有不合。卽是陰差
陽錯之龍矣。
子癸午丁天元宮。卯乙酉辛一路同。若有山水一同到。
半穴乾坤艮巽宮。取得輔星成五吉。山中有此是眞龍。
蔣氏曰。此承上節羅經照過峽。詳言方位理氣。卽天
玉玄空大卦之作用也。其法分子午卯酉爲天元宮。
寅申巳亥爲人元宮。辰戌丑未爲地元宮。隱然天元

之妙理引而不發欲使學者得訣方悟其敢妄泄天秘犯造物之忌哉此取四仲之支為天元宮者非此四支皆屬天元乃謂此四支之中有天元者存也而其本文又不正言子午卯酉乙辛丁癸必錯舉子癸午丁卯乙酉辛者此其立言之法已備出脈審峽定卦分星之密旨觀一路同三字同中微異須細辨別已在言外下文乃全露其機云此八宮同到半穴乾坤艮巽宮矣一同到非謂此八宮一同到也亦非謂八宮之山與八宮之水一同到也謂此四支中任舉

一爻與此四干中一干。此屑同到卽雜乾坤艮巽之氣矣。蓋子午卯酉本是四正之龍。而與八支同到。卽有一半四隅之龍。不可不辨。辨之不清。則欲取天元而非純乎天元矣。末二句輔星五吉。指天元宮最清者言。蓋天元龍雖包諸卦。而九星止有三吉。恐日久發洩太盡。末肎衰微。故須兼收輔弼宮。龍神合氣入穴。以成五吉。然後一元而兼兩元。龍力悠遠不替矣。故目之曰眞龍。極其贊美之辭也。此節言山者皆指水。蓋平洋以水爲山。水中卽有山矣。輔星卽是九星中左輔右弼。蓋有二例。一則九宮卦例。以一白配貪狼。二黑配巨門。三碧配祿存。四綠配文曲。五黃配廉貞。六白配武曲。七赤配破軍。八白配左輔。九紫配右弼。此天玉經玄空大卦之定理也。一則八宮卦例。將輔弼二星并一宮。分配八卦。製爲掌訣。二十四山係於納甲之下。互起貪狼爲立向消水之用。陽宅天醫福德亦同此訣。竊以之彰往察來。皆無明驗。蓋即天玉所辨。二十四山起八宮。唐一行所造。後人指爲滅蠻經者也。二說眞僞判然。不可悞認。五吉即三吉。蓋形局九星。以水土金三星。爲貪巨武三吉。而輔弼爲入穴收氣之用。方位九星。亦有三吉。雖以貪狼統龍。而每宮自有三吉。不專取巨武。此節天元宮兼輔爲五吉。中有隱語。非筆墨所敢盡。既云五吉。則分輔弼作兩星。以配九宮。其非八宮之訣明矣。若在人地兩元。別有兼法。見諸下文。此節以下。所舉干支卦位。俱帶隱謎。若從實推詳。不啻說夢。非楊公言外之眞旨矣

姚氏曰。謂子午卯酉四支內有天元之妙存焉。並言

子癸午丁卯乙酉辛非錯舉干支以有可同之意下
接同到半穴由於山水干支已犯蔣公之注不云八
干八支惟日四干四支隱有可犯而不可犯之道乃
四正之卦雜於乾坤艮巽之龍欲取天元已經不得
清純一元不清三元隨之皆亂其天元龍能於包含
諸卦豈有反欲兼之始成五吉凶形局與方位合皆
三吉以包諸卦兼輔弼二星配貪巨武三吉避破祿
廉文四凶全收五吉曾序內得三失五盡爲偏天元
歌中云不是八神齊到穴即此之謂也且天元龍旺

易於發泄發之太過而恐末局之衰以兼輔漸入穴一元可得兩元龍力甫能先榮後凋古聖賢之妙訣授與高人爲濟世之慈航稍一指撥延及葬家幾代之盛非如今人某方挑一池名曰何星某位開一缺爲之何水東挖西掘强牽支離如此作爲言配倘可搪塞然亦毫無補益金口訣云元辰若斷橋外氣總無力豈非掩耳盜鈴乎而言兼者其有自然之勢故曰兼也

【直解】註云輔星天元宮之最清者其言微乎妙乎

使人不易測識耳楊公又云山中有此是眞龍明明指我在水中又不在天元之水中正在天元最親最近之水中然取于六八者非也所云一同到者一宮之水同到也細玩其子癸午丁卯乙酉辛輔弼已在言外矣同到即巳丙亥壬申庚寅甲丁未癸丑乙辰辛戌之同到一同到則卦爻雜亂陰陽差錯吉中有凶不成美器矣差錯之所雜亂之方須挨輔星以補之是輔星雖非當令之星亦能先時補救化凶而爲吉者也所云取得輔星即此

之訓歟

辰戌丑未地元龍乾坤艮巽夫婦宗甲庚壬丙爲正向

脈取貪狼護正龍

蔣氏曰此取四季之支爲地元龍者亦謂此四支中有地元龍者存也此四支原在乾坤艮巽卦內故曰夫婦宗此元氣局過臨不能兼他元爲五吉止取貪狼一星眞脈入穴護衛正龍根本則卦氣未值其根不搖卦氣已過源長流遠斯爲作家妙用貪狼即在甲庚壬丙之中故但於此取正向乘正脈與天人兩

元廣收五吉者有殊不言輔星輔弼已在其中故也楊公著書泛論錯舉之中其金針玉線一絲不漏蓋如此

姚氏曰四季之支非盡地元龍也此元之局最窄不能他兼專取貪狼入穴而不言及輔弼貪狼爲九星之統領正龍有一星之衛雖不得兼及他元如五吉之在其中其因貪狼之在甲庚壬丙之內取之乘脈正向以能久遠不替云夫婦宗者位在四維之故此元龍格圖與天人兩元不同然不同之間又似乎相

同。同中不符小異。其用法稍有更易。理則貫之於一。猶葛桂性味各別。熱卻同之。其能通而共行也

直解 地元者下元也。逼隘者非形局之逼隘。氣運之逼隘也。故不曰五吉而曰護正龍。門入九一之謂也。然在此時。不曰五吉者何也。謂下元未盡。令星弗得弗用。上元將交。貪又弗得弗用。若兼巨武而為五吉則吉凶參半。非但不能為福。適足致禍所謂凶多者。凶勝吉也。豈非與天人兩元取五吉者。有殊作家。不可不辨。

寅申巳亥人元來乙辛丁癸水來催更取貪狼成五吉
寅坤申艮御門開巳丙宜向天門上亥壬向得巽風吹
蔣氏曰此四孟之支亦屬四隅卦此四卦中有人元龍者存也天元之後即應接人元楊公因三才三正之字顛倒錯列亦隱秘其天機使人不易測識耳此元龍格亦必兼貪狼而後先榮後凋若不兼貪狼慮其發遲而驟歇交用乙辛丁癸水催之者謂此四水中有貪狼也此宮廣大兼容故旁及坤艮亦所不礙故曰御門開若是巳丙壬亥相兼則犯陰陽差錯之

龍矣法宜去丙就巳去壬就亥以清乾巽之氣此則專爲人元辨卦而言處處欲要歸一路蓋一路者當時直達之機兼取者先時補救之道不直達則取勝無先鋒不補救則善後無良策二者不可偏廢也總觀三節文義子午卯酉配乙辛丁癸辰戌丑未配乾坤艮巽爲夫婦同宗而寅申巳亥獨不配甲庚壬丙爲夫婦則其本意不以甲庚壬丙屬寅申巳亥可知矣此正合天玉大五行作用而非十二支配十二干爲一路之俗說也故不曰寅申坤艮而曰寅坤申艮

非以寅為坤以中為艮也巳屬巽而反曰天門亥屬乾而反曰巽風顛倒裝成其託意微而且幻類如此至其立言本旨不過隱然說出陰陽交互之象然篇中皆錯舉名曰不肯分明至後節主客東西方露出端倪而終不顯言先賢之慎如此使我有泥泄天機之懼矣

姚氏曰天人兩元應得相接中以地元間之方曰人元隱有與義且因四孟之支均在四隅封內藉此遮下言之故錯列三才三正之序此四孟支存有人元

之龍其乙辛丁癸以貪狼在於此中故用四水催之必得兼取而護丑龍根本卦氣之過與未可扶始終之盛以龍有三元之分兼取亦別天元之兼輔弼地元專取貪狼人元惟兼一星蔣公所謂直達補救之道誠哉斯語可見作家之妙用處處不一究之所賓毫無絲纊之漏而兼與專各異所謂人情物理講情則無底止故彼此從權竟有此可兼彼彼不可兼此甚至彼能去此此不能去彼蓋論理則一也而言賓對抑而申對艮於中機深義幻巳曰天門亥曰[illegible]

由人元宮廣大雖犯壬亥巳丙清其兩宮之氣倘可就亥依巳仍不礙其吉也

直解人元自有人元合運之山水自有人元合運之星辰體用俱合人元僅有三吉四吉此云五吉者何也謂當時直達之星辰已得再取貪狼一星合成五吉以補悠遠用法之至要者也乙辛丁癸水來催者非謂此四水盡屬人元又非謂有此四水即是貪狼正謂在是元用是山收是水或丁或乙或癸或辛有得貪狼者在耳御門開即棟通出

與可用其將來不可親其已往此亦兼之一法也

卦之意。蓋申與庚。巳與丙。亥與壬。俱屬貼鄰。易犯差錯之宮。或巳出於丙。告我向之以天門亥。或雜于壬。又令吹之以巽風。楊公教人補救。直達深切著明至矣盡矣。輔亦可兼。弼亦可兼。諸星亦可兼、貴在各乘其時耳、先將當元之令星用得安妥、再將先時補救之策、或兼貪或兼輔、多兼則元運不一、吉凶參半、註云欲取天元而非純乎天元、欲取地元、又非純乎地元、蓋謂此也、總觀三節文義兼法俱要隨時酌量、宜兼貪則兼貪、宜兼輔則兼、

輔全在作者隨時兼取隨地變通耳

貪狼原是發來遲坐向穴中人未知立宅安墳過兩紀方生貴子好男兒

蔣氏曰貪狼諸卦之統領得氣先而施力遠何云發遲此言人地兩元兼收之脈不當正卦傍他涵蓄故力不專是以遲也兩紀約略之辭生貴子正見誕育賢才以昌世業隱含悠久之義非若他宮一卦乘時催官暫發之比若夫應之遲速是不一端烏可執此為典要也

姚氏曰遲發之言由在兼收起見義雖如此未可拘執貪狼九星之旨氣施惟先能取合之穴內已成佳壤豈有延之兩紀始生貴子若他宮一卦乘時又作如何論法則乃刪引作喻以隱傷諸兼收而力不專之意耳

直解上數節言人地兼貪最易發福此云發遲者何也謂貪狼雖非人地兩元主運之星衹能補偏救弊先榮後凋故曰遲也坐向吉坐山向首之排龍也坐山向首之排龍或排貪狼到山或排到向

首或排到水口三叉奇峰貴砂定主產賢才昌世業發福無休無歇也

立宅安墳要合龍不須擬對好奇峰主人有禮客尊重客在西兮主在東

蔣氏曰山龍眞結必對尊星而後出脈或回龍顧祖或枝幹相朝先有主峰乃始結穴故必以朝山爲重非重朝山正重本身出脈眞僞也平洋旣無來落但以水城論結穴水自水山自山雖有奇峰並非一家骨肉向之無益故只從立穴處消詳堂局收五吉之

氣謂之合龍而不以朝山為正案也末二句乃一篇之大旨精微玄渺之譚所謂主客又不止於論向而指龍為主人向為賓客也主客猶云夫婦實指陰陽之對待山水之交媾一剛一柔一牝一牡立竅相通皆在如此言有此主便有此客有此客便有此主主玄竅云二物實一氣連貫如影隨形如谷答響交結根原一息不離非謂既有此主乃更求賢賓以對之也東西蓋舉一方而言亦可云主在西兮客在東亦可云主在北兮客在南主在南兮客在北八卦四隅

無不皆然所謂陰陽顛倒顛也自天下軍州至此統論平洋龍法其中卦位干支秘訣總不出此二語故于結尾發之以包舉通篇之義學者所當潛思而曲體之者也

姜氏曰寶照發明平洋龍格開章直喝天下軍州總坐空何須撑著後頭龍大聲疾呼剖吟高唱此爲楊公撰著此書遺篇眼目振剛挈領之處不可泛泛讀過蓋平洋龍格舉世所以茫然者只因俗師聾瞶將山龍溷入無從剖辨觸處成迷也平洋之作法既迷

并山龍之眞格亦謬失其一并害其二矣楊公苦心喝此二語醒人千古大夢使知平洋二宅不論坐後來脈凡坐空之處反有眞龍坐實之處反無眞龍與山龍之胎息孕育截然相反欲學者從此一關打得透徹更不將剝換過峽高低起伏馬跡蛛絲草蛇灰線等字纏擾胸中只在陰陽大交會處悟出眞機而后八卦九星干支方位以次而陳絲絲入扣平龍消息始無罣漏之處平龍既無罣漏而山龍亦更無罣漏矣倘不明此義只將後龍來脈膠葛糾纏則造化

眞精何從窺見。雖授之以八卦九星之奧。亦無所施也。窮年皓首。空自芒芒。高山平洋。總歸魔境。我於是益嘆楊公渡人心切也。後篇所以覆舉二語。重言以申明之。意深切矣。

此篇前十二句爲一章。言深山支龍之穴。中三十四句爲一章。言幹龍脫殺出洋之穴。此二章皆屬山龍。後四十六句分七節爲一章。言平洋水龍之穴。

姚氏曰。平洋不可取山篇中屢見。非後人之不從。由先賢寄句玄機深奧。雖入精微之境。以致驪黄不分。

亥家莫辨因此約略了事然而陰陽之理無非八方之山八方之水取其一方之山配其一方之水所謂天地陰陽夫婦雌雄牝牡剛柔動靜資質東西南北主客賓主屑屑分流實則名異情同以有主客之分始得陰陽之合三卦父母子息皆在其中而定矣于平壤朝山之無益者緣非一家之骨月以質性之不同途耳情意不投奚能变成莫逆於是惟取水城後空論結爲之合龍也

【直解】山龍看主山朝案以辨龍體之眞僞平洋對

三叉察血脈以認來龍之得失山洋一定不易之法也要合龍者觀九曜之合不合也奇峰者尖秀挺拔之峰也合元微則對之不合則不必對之所云主東容西卽陽水陰山顛倒顛之義主人有祇者龍眞氣旺也龍果眞氣果旺前後左右輔從則加之美名如龍微氣衰雖有奇峰貴砂卽敗爲惡曜所以本主興隆殺曜變爲文曜龍身微賤才刀化作屠刀卽此之謂也○以上數節都屬半含半吐但吞吐之間有深意存焉讀者當細心參考自

有所得也

中篇

天下軍州總住空。何須撑著後來龍。時人不識立機訣。只道後頭少撑龍。大凡軍州住空龍。便與平洋墓宅同。州縣人家住空龍。千軍萬馬悉能容。分明見者猶疑慮。龍不空時非活龍。教君看取州縣塲。盡是空龍撥攏蹤。莫嫌遠來無後龍。龍若空時氣不空。兩水界龍連生窟。穴得水分何畏風。但看古來卿相地。平洋一穴勝千峰。

蔣氏曰。天下軍州二語。前篇已經點醒。楊公之意猶

恐後人見不眞信不篤故反覆咏嘆層層洗發翦追
到底罄其所以然之故又恐概說軍州大勢尙疑人
家墓宅或有不然故指實而言軍州如是墓宅亦無
不如是只勸世人揀撑空龍切勿取實龍作撑也所
以然者何也山龍只論脈來平洋只論氣結空則水
活而氣來融結實則障蔽而生氣阻塞肉眼但見瀦
瀦平田毫無遮掩疑爲坐下風吹散氣之地不知水
神界抱陽氣冲和平洋之穴無水則四面皆風有水
則八風頓息所謂氣乘風則散界水則止古人之言

正爲平洋而發也

姚氏曰此節别無他義專言後空之妙前舉天下軍州大勢擬此恐人不醒又以州縣作墓喻之詳明理之則一楊公可爲心盡意竭矣非空其後奚能取合內氣其曰立駿立關立機立妙立空大卦立者虛空也

直解楊公恐人不信空龍之說特引州縣城池爲証然州縣城池未必盡屬後空人家墓宅亦非以坐空爲是坐實爲非只要坐空得坐空之五行坐

實得坐實之五行方合龍空氣不空龍實氣不空之妙用中言得水承上文龍空氣不空龍實氣不實而申言之也所謂得水非以左右有水謂得亦非以前後有水謂得以所有之水得挨星生旺謂得也

子午卯酉四山龍坐向乾坤艮巽宮莫依八卦陰陽取
陰陽差錯敗無窮百二十家渺無訣此訣立機大祖宗
來龍須要望龍穴後君坐時必有功帝座帝車並帝位
帝宮帝殿後當空萬代侯王皆禁斷予今隱出在江東

陰陽若能得遇此蚯蚓逢之便化龍。

蔣氏曰此明八卦之理即前子午卯酉屬坎離震兌四卦乾坤艮巽又四卦之義也所謂坐對非指山向蓋四正卦與四隅卦兩兩相對故云然也八卦陰陽者指八卦五行以乾卦領震坎艮三男而屬陽坤卦領巽離兌三女而屬陰此先天之體非後天之用以之論陰陽則差錯而敗不勝言矣譚陰陽者百二十家皆此是彼非渺無眞訣惟有立空大卦乃陰陽五行大祖宗聖聖相傳非人勿示也識得此訣雖帝王

大地瞭若指掌特禁秘而不敢言耳楊公自言旣得至道不敢炫燿於世故披褐懷玉抱道無言然天寶雖秘惜而救世之心未嘗少懈曾于天玉經江東一卦諸篇隱出其旨世之好陰陽者有緣會遇信而行之頃刻有魚龍變化之徵也或云楊公得道之後韜光晦跡背其鄉井隱於江東俟考

姚氏曰其卦惟入而有先天後天坐對指後天卦先天之體誤取作用則陰差陽錯勿謂是卦皆可取用猶山龍之不溷平洋於中截然相背耳雖知體用尤

重後空之要始能有功不獨軍州州縣如此帝王宮殿莫不皆然若能依訣而扦其有與騰變化之妙也蔣公註曰有緣會遇信而行之斯語殊深鄭重緣者因也所謂前世今世後世而有三世因果之報前世之因其言祖父今世之因其言本身後世之因其言子孫人之忠正聰慧奸邪愚蒙前世祖父之德惡因由巳知自再繼而為之則後世子孫之因預先可以知之矣以此叮嚀學者悟得妙理慎擇人之德惡自能深信然後方可行之若妄泄天寶必干造物之怒

而自取禍咎者也

直解子午卯酉指地之四正而言乾坤艮巽指空之四維而言非必拘定要坐對乾坤之位只要立空坐對二四六八便是陰陽二宅若能合此立機自有魚龍之變化下文辰戌丑未甲庚壬丙卽此意也地氣南北不同山洋迴異卽性之剛柔氣之老嫩亦隨處而各別者也切不可拘泥有誤天地生成之妙用也地地有相去數郡高卑無二者亦有相去數里厚薄迴異者亦有相去數步而老嫩

懸絶者總要隨地取裁不可執一即坐水向水後空後實亦要各得其宜爲妥切不可拘泥後空爲是後實爲非亦不可拘拘後高爲是後空爲非總要隨地適宜高低各得爲是所謂泥於古者必不能愈今疾拘於方者決不能治遠人即此之謂歟

子午卯酉四山龍支兼干出最豪雄乙辛丁癸單行脈半吉之時又半凶坐向乾坤艮巽位兼輔而成五吉龍

蔣氏曰此皆楊公隱謎舉四正爲例若行龍在于午卯酉四支長流不雜雖兼帶干位總不出本卦之內

其脈清純故云最豪雄也若乙辛丁癸雖屬陰行未免少偏卽犯他卦所以吉凶參半也言子午卯酉而乾坤艮巽不外是矣言乙辛丁癸而甲庚壬丙不外是矣辨龍既清乃於諸卦位中隨使立向則又以方圓爲規矩而未嘗執一者也

姚氏曰支兼於干清純不雜得地之能如此以許誕育豪雄而乙辛丁癸脈不偏之出卦格局亦爲全吉雖然支干相兼兼中有別止可支兼及干云四正陰四干則四維以同甲庚壬丙已在言表矣

註解此四卦重支之卦支兼干出卽子癸午丁卯乙酉辛若乙辛丁癸而無子午卯酉兼出者卽謂之單行脈也單行之脈稍有一偏卽出他卦行龍出卦悉生旺不一吉凶無定所云坐向乾坤者非必拘定坐向乾坤之位只要天元取輔人地兼貪全收五吉之氣也單行之脈雖易出卦有心者倘遇此種來龍來脈龍穴眞的者切莫棄而不取也只要用得五吉合得三星其吉更勝于一卦清純者矣

辰戌丑未四山坡。甲庚壬丙葬墳多。若依此理無差謬。清貴聲名天下無。爲官自有起身路。兒孫白屋出登科。八卦不是眞妙訣。時師休把口中歌。敗絶只因用卦差。何見依卦出高官。陰山陽水皆眞吉。下後兒孫禍百端。水若朝來須得水。莫貪遠秀好峰巒。審龍若依圖訣葬。官職榮華立可觀。

蔣氏曰。此指四隅龍脈而言。而舉辰戌丑未爲隱謎也。謂此等行龍而取甲庚壬丙向者甚衆。必須龍法合吉。毫無差謬。而後清貴之名噪于天下。

也起身路。正指來龍之路。八卦本是眞訣而誤用則禍福顛倒。故云非妙訣。後章八卦只有一卦通。乃始微露消息矣。收水之法。向云陽用陰朝。陰用陽應。乃卦理至當不易之言。而竟有陰山陽水。陽山陰水。反見災禍者。則辨之不眞。陽非陽。而陰非陰也。得水二字。世人開口混說。然非果識天機。秘旨收入玄竅之中。雖三陽六建。齊會明堂。虎抱龍迴。涓滴不漏。總未可謂之得。若知得水眞訣。卽陰陽八卦之理。是諸斯乎。莫貪遠秀好峰。卽上篇已發之義。致其可嗁之意

云爾

姚氏曰上文巳詳四正此節以明四隅行龍在辰戌丑未向取甲庚壬丙者甚多裁之合吉富貴可期誤用則禍未一見其禍接踵而至由於收水之故可見看地尙易立穴殊難全副精神止在消詳堂局之間禍福定於呼吸思之可畏然不知妙理竟敢妄執指南其無人心耳

直解 此庚壬丙是隨時變易之甲庚壬丙非四維八干不易之甲庚壬丙也讀者切莫以惑此理云

者是山上水裏陰陽相配之理也山上水裏果能交之以陽配之以陰清貴聲名自然流傳天下八卦九星本是眞訣而此獨非者何也中言板格之非也在地爲八卦九宮在天即是北斗九星隨氣流行隨時變易往來無定者也拘拘於呆法變易者反以爲不易無定者執以爲有定所謂陽者非陽陰者非陰故謂之不眞所謂得水者非三合五行之所謂得又非上元必須離水下元必須坎水之所謂得也此所謂得者是玄空之得謂得也大

辰戌丑未是四維八干不易之定位甲庚壬丙是周流六虛隨時而在之甲庚壬丙一空一實必須揣摩而得有形之質靜而不移無形之氣動而不息一動一靜一陰一陽相爲表裏一往一來一山一水兩相配合自能立見榮華矣

立機妙訣

有因山向指山峰細細求起造安墳依此訣能令發福出公侯眞向支山尋祖脈干神下穴永無憂寅申巳亥騎龍走乙辛丁癸水交流若有此山并此水白屋科名發不休昔日孫鍾阡此穴從此聲名表萬秋

蔣氏曰通篇皆言平洋此章乃插入山峰者何也蓋八卦九星乃陰陽之大總持故凡有山之水可以不論山而有水之山不能不論水若遇山水相兼之地未可但從山龍而論還須細細尋求亦必合此玄空大卦之訣而后墓宅產公侯也祖脈必要支山蓋從四正而論下穴立向則不拘干支矣此祖脈乃玄空之祖脈非山龍之來脈也讀者切勿錯認寅申巳亥乙辛丁癸俱屬易犯差錯之龍故曰騎龍走水交流文有殊義無別此山此水而科名不歇者不犯差錯

故也。孫鍾墓在富陽天子崗本山龍而收富春江長流之水故引爲證。

姚氏曰山水相兼之地。惟平洋不可牽入於山。山之取用於水着、中有別義。再尙有山龍落平里數遠近不等。出㠯水爲證。不得不論水。莫謂山龍必待水界而後可止結法不一。貴在度情通變。其支山祖脈乃於四正而論。非山之來脈自云玄空之祖脉所以定向消納干支不拘矣。其孟支陰干少偏則易出卦如能不雜他氣局成必吉。引孫鍾之墓山龍兼收江水。

以証用事之妙也

直解上四句言體用兼倒之妙中二句承上文而言祖脈此祖脈非太祖少祖山龍之來脈又非干支公孫子母之祖脈此祖脈乃玄空之祖脈所謂天心是也數語當細細察之如乙辛丁癸寅申巳亥卽上文所謂甲庚壬丙辰戌丑未之意時師都謂此山此水易犯差錯之龍皆棄之不取不知此山此水亦有發福者特引孫鍾墓爲證經云八方位位有眞龍爻象干支總一同蓋謂此也

來龍須看坐正穴，後若空時必有功。州縣官衙爲格局，
必然清顯立威雄。范蠡蕭何韓信祖，乙辛丁癸足財豐。
亥壬聳龍興祖格，巳丙旺相一般同。寅申巳亥等五吉，
乙辛丁癸四位通。紫緋晝錦何榮顯，三牲五鼎受王封。
龍回朝祖玄字水，科名榜眼及神童。後空巳見前篇訣，
穴要窩鉗脈到宮。試看州衙及臺閣，那個葬着後來龍。
砂揖水朝爲上格，羅城擁衛穴居中。依圖取向無差誤，
不是王侯即相公。

[illegible]之旨。屢見篇中，而此章又反覆不已者

蓋後空不但無來脈而已并重坐下有水乃謂之活龍擺撥而成眞空有氣也故首句云坐正穴貫指穴後有水取爲正坐也古賢舊蹟往往如此遍地鉗所謂杜甫盧仝李白祖此又引范蠡蕭何韓信總合此格下列諸干支言不論是何卦位只要合得五吉收歸坐後發福如許爾故下文卽接回龍朝祖立宇水分明指出前朝曲水抱向穴後乃回龍顧祖之格也神童黃甲必可券矣篠中又自言後空之訣已見前篇然恐人誤認只取坐後無來脈便云有氣不知穴

後必須水抱成窩鉗之形而後謂之到官若但云空耳非坐水之空空何貴焉砂揖水朝羅城擁衛皆就水神而論穴正居中指坐穴也此節直說出王侯將相大地局法非泛論也

姚氏曰此節二十二句者重惟在後空其曰范蠡蕭何韓信之祖學者莫錯會意非楊公目擊其墓乃擬比之辭言明妙訣依此行之由斯而發可出人才所有謀臣將相晝錦鼎食皆因後空不論何卦五吉收歸坐後合成天地之大交大會穴坐於空則格局無

差其吉莫不响應以能出人之如此非是但遇有水坐之即謂後空於朝前水之曲而得後之空焉砂揖水朝羅城擁衛不必求取自有天造地設之勢也

【直解】上節言山龍干神坐實之法此節言平洋五吉坐空之奥一山一水一空一實申言坐空坐實用法之不同也然後空之說前已詳言此又重言者何也恐人誤認不察水之縱枝向背也穴後之水必要枝流拱向得神抱繞有情再坐之以五吉此即謂正穴又謂到宮所云巳丙亥壬總言不論

是何卦位是何干支只要合得五吉毫無差謬所
童黃甲卿相公侯有得之若操券者矣楊公恐人
不信特引蕭韓祖墓爲證坐正穴者即不偏不倚
不上不下不浮不沉之謂也後空非以穴後有水
謂空用法水弗得即謂空如穴後有水而金龍到
頭此謂龍空氣不空所謂脈到宮者即此意也

天機妙訣本不同八卦只有一卦通乾坤艮巽躔何位
乙辛丁癸落何宮甲庚壬丙來何地星辰流轉要相逢
莫把天罡稱妙訣錯將八卦作先宗乾坤艮巽出官貴

乙辛丁癸田庄位甲庚壬丙最爲榮下後兒孫出神童
未審何山消此水合得天心造化工

蔣氏曰一部寶照經不下數千言皆半含半吐至此忽然漏泄蓋陰陽大卦不過八卦之理而篇中乃云八卦不是眞妙訣者正爲不得眞傳不明用外之法故也而其所以不明用卦之法者皆因泛言八卦而不知八卦之中止有一卦可用故也大五行秘訣不過能用此一卦即從此一卦流轉九星便知乾坤艮巽諸卦落在何宮二十四干支落在何宮而或吉或

凶指掌瞭然矣俗師不得此訣妄立五行有從四墓上起天罡以爲放水出煞之用如何合得八卦之理夫收得山來乃出得煞去不知一卦作用山既無從收一卦不收諸卦干支又何從流轉九星求純棄駁而消水出煞乎今人但知二十四山處處可出官貴處處可旺田庄處處可出神童而不知二十四位水路交馳果下何卦收何山乃消得此水出得煞去夫既不能收山出煞則其談八卦論干支皆胡言妄說而已何以能合天心而造化在手也天心即天運非

哲人合天之家不能遇也大五行所謂一卦卽指天心正運之一卦也篇中露此二字其間玄妙難以名言楊公雖指出天心一卦之端而其下卦起星之訣究竟未嘗顯言則天機秘密須待口傳不敢筆之于書也

姜氏曰篇中八卦干支縱橫錯舉原非實義細玩此節何位何宮何地等句卽知經文皆屬活句非死句也我師于前篇註中切戒學者毋得執定方位意在此爾凡讀楊公書者當知此意非獨寶照而已大玉

青囊無不皆然

姚氏曰參徹精蘊之妙始明入卦之理甫通一卦之因則天地陰陽九星入卦天心正運五行二十四山趨吉避凶收山出煞皆可瞭然通之隨所指點無非造化之機矣其官貴田庄神童盡從此出先賢稍露端倪欲人之自悟耳

【直解】一卦者一元一卦即天心正運之一卦也能用此一卦則知乾坤艮巽落在何宮二十四干支躔在何地或陰或陽或順或逆或左或右指掌瞭

然矣不識此卦誤認五行八長生四墓庫左旋右轉以爲放水出殺之用不亦謬乎知此一卦卽知收得山來出得殺去不知此一卦則談八卦論干支皆糊言妄語而已豈能契合天心挽回造化哉

五星一訣非眞術城門一訣最爲良識得五星城門訣
立宅安墳定吉昌堪笑庸愚多慕此妄將卦例定陰陽
不向龍身覯出脈又從砂水斷災祥筠松寶照眞秘訣
父子雖親不肯說若人得遇是前緣天下橫行陸地仙

蔣氏曰前章旣言一卦下穴收山出煞之義此章又

直指城門一訣楊公此論眞可謂披肝露膽矣葢五星之用其要訣俱在城門識得城門而后五吉有用寸此作二宅無不興隆者矣城門一訣與龍身出脈正是一家骨肉精神貫通能識城門乃能觀出脈能觀出脈便能識城門故笑世人不識此秘而妄談卦例從沙水上亂說災祥也此以下皆楊公鏤精抉髓之言得此便是陸地神仙父子不傳夫亦師傳之禁戒如是豈敢違哉

姚氏曰其有城門山水甫有對待由此以合交媾而

三叉爲外陽人所皆見以認來脉內氣之得於合格局因斯而成俗師不識妄在砂水之上言災論福雖間有識其城門者惜乎不明局中消詳諸法耳

直解五星本是眞術楊公恐人專取貪輔巨武爲五吉不辨往來消長故曰非眞術也城門即水之交會處關繫禍福之所令星緊要之處須得五吉三星補救直達斯爲盡善城門得城門之用法再合兼貪兼輔之妙兩美相合立宅安墳自能吉昌矣

世人只愛週迴好。不知水亂山顛倒。時師但云講八卦。卻把陰陽分兩下。陰山只用陽水朝。陰水只用陽山收。俗夫不識天機妙。自把山龍錯顛倒。胡行亂作害世人。福未到時禍先到

蔣氏曰、道德不云乎。常無欲以觀其妙。常有欲以觀其竅。此正丹家所謂玄關一竅。大道無多。只爭那些子。故曰不離這個人身有此一竅。天地亦有此一竅。地理家須識此陰陽之竅。今人只愛週迴好而不知那些子。些子合得天機。週迴不好亦好。些子不合天

機迴雖好皆無用矣陰山陽山陰水陽水皆現成名色處處皆死的惟有那些子是活的些子一變陰不是陰陽不是陽陰可作陽陽可作陰故曰識得五行顛倒顛便是大羅仙世人不諳天機誤將山龍來脈牽合平洋理氣執定板格陰陽反成差錯乃眞顛倒也本欲造福反以賈禍楊公所爲惻然于中而有是書也

姚氏曰迴迴雖好非巳之物也而山水有一定之形山是山水是水其陰陽無一定陰可爲陽陽可爲陰

盡陰陽不能就於山水只可山水之就陰陽世人不知以山龍平壤牽混因習膈不化觸處成迷楊公嘆之不醒殊深痛恨嘆而罵之曰俗夫顛倒害世禍人胡亂害世者小人也但楊公之罵恐有不勝之煩且無可止之日耶蔣公註曰一竅那些子者即是陰陽交處一點精華為己身之所有其外乃為公共之物豈能濟我之用耳

直解 迴迴言前後左右前後左右龍穴砂水好不好人人知之如上山下水顛倒錯用時師從何窺

見并有以乾卦、領震坎艮三男、而分屬陽。坤巽離兌四卦、分屬陰、此乃先天之體、非後天之用、以之論陰陽分兩片禍之先到、不亦宜乎。註云那些子三字、指挨星生旺而言、城門得生旺、雖週迴不好亦吉、如城門不得生旺、週迴雖好、皆無用矣、隨氣變遷、即是那些子、氣化流行、物換星移、亦是那些子。所謂關竅者、即此意也。

陽若無陰定不成。陰若無陽定不生。陽水陰山相配合。兒孫天府早登名蔣氏曰此節并下節尤爲全經傾囊倒篋之言而泛泛讀過則不覺其妙蓋與平洋龍法穴法收山出煞八卦干支之理一以貫之矣孤陽不生獨陰不育此雖通論而大五行秘訣只此便了學者須在山水配合上著眼所謂配合自然配合非尋一箇陽以配陰尋一個陰以配陽也水即是陽山即是陰陰即是山陽即是水故只云陽水陰山而不更言陰水陽山知此者可與讀寶照經矣知此者亦不必更觀寶照經矣

姚氏曰自昔存看雌雄起而後化出多少陰陽千言萬語反覆咏嘆至此仍是一雌一雄陰陽而已無非陰山配其陽水陽水合其陰山所謂龍到頭者所謂龍空氣不空者所謂立開一竅者所謂那些子者惟配山水之交媾也蓋因陰陽合化萬物自生其有骨䰟在內見必蔭及子孫名題雁塔早登言發之速耳

並解陰陽即來者爲陽往者爲陰之陰陽也陰山陽水者當用將來之氣挨入水中已往之氣裝在山上即爲陽水陰山此陰陽是氣運消長之陰陽

非干支卦爻之陰陽。又非左到右到之陰陽。又非上元必須離水。下元必須坎水之陰陽。又非以來水爲陽。去水爲陰之陰陽也。參透此。開方知生成配合之妙理矣。水裏排龍。水裏得陽山上得陰山上排龍。山上得陽水裏得陰。此謂之陽水陰山陰水陽山也。上文所謂陽山陽水者此也。所謂山與水相對者此也。所謂江南江北主客東西。亦即此也○孤陽不生。獨陰不長。此天地生成至當不易之理也。配合即陽水陰山。陰山陽水交互相生來

徃皆春此眞配合也苟能如此自有天府登名之

應

都天大卦總陰陽翫水觀山有主張能知山情與水意

配合方可論陰陽

蔣氏曰急接上文都天大卦豈有他哉總不過陰陽而已眞陰眞陽只在山水上看而翫山觀水須胸中別自有主張此主張非泛泛主張乃乾坤眞消息所謂天心是也山情水意四字全經之竅妙今人孰不曰山水有情意而不知世人所謂情意非眞情意也

識此情意則是陰陽便成配合靑囊萬卷盡在箇中於戲至矣

姚氏曰誠心敦請而有以也佳肴羅列於前謝金致送於後敬爲上賓主人慇懃勸飲非仰重先生之人品非羨慕胸中之文才亦非相邀玩水觀山作消遣閒遊之計其如此者專爲主張欲求乾坤之消息耳至如山情水意人皆共知山山有情水水有意所謂用著主張矣其妙在於配合必得其山之情能配此水之意此水之意可合其山之情陰陽始得相契以

能精神灌輸。靈機由斯顯用。猶下文云。賓主交接富、
貴頂來。然有卦例。之限。妙理殊深。惟恐自己之主張、
尙且未淸。徒在座中朗誦些現成三元三合之章句
扯淡多少。不經之談。以荅玩水觀山。酒食之。始繼之
受其謝金。報以禍咎。踵門。殃及子孫。而終白日青天、
良。可。畏。也。夫陰陽之道。毫髮無差。是以配合之間。不
容有毫釐之謬。因天地之報應。其無毫髮之紊。以此
奉勸世人。少去胡行。而乾坤消息。不易知之。以免誤
人自誤。直言所諒。幸甚

直解主張即天心正運之主張山情水意是山水各得其宜之情意所言配合非尋一個陽以配陰尋一個陰以配陽也要山上排龍水裏排龍一九二八三七四六玄空會合也或一六二七三八四九亦可山上水裏彼此相生陰陽相配最爲合法此配合即天心自然之配合知此則青囊天玉之機盡矣

都天寶照無人得逢山踏路尋龍脈前頭走到五里山遇着賓主相交接欲求富貴頃時來記取筠松眞妙訣

蔣氏曰上文說到山情水意。都天大卦之理盡矣。此節文贊嘆而言。此都天寶照。不輕傳世。若有人能得。以此觀山觀水一到山情水意賓主相交之處用楊公訣法扦之頃刻之間。造化在手盎一片熱腸深望人之信從而發此嘆也

姚氏曰此節承上文之義。而賓主交接卽是山情水意。用都天大卦。配合山水交媾。楊公所用妙訣亦是此理。如遇有緣。依法扦之。吉應之來且驟以此自爲贊嘆也

直解上文說山情水意此節言賓主相交總非四吉四凶之呆格耳只要山水會合之地賓主相交之處取一卦乘時之法催官驟法之秘頃刻之間自有魚龍變化之徵富貴霎時之應

天有三奇地六儀天有九星地九宮十二地支天干十干屬陽分支屬陰時師專論這般訣誤盡閻浮世上人陰陽動靜如明得配合生生妙處尋

蔣氏曰前簡贊嘆已足終篇又引奇門以此論者蓋奇門主地從維書來與地理大卦同出一原而時師

用錯所以不驗惟有大五行是訪門眞訣欲知此訣只在陰陽一動一靜之間求其配合生生之妙則在在有一陰陽非干是陽而支是陰如此板格而已蓋動靜卽是山情水意卽是城門一訣卽是收山出煞用一卦法所謂龍到頭者此也所謂龍身出脈者此也所謂龍坐氣不空者此也是名眞賓主是名眞夫婦是名眞雌雄終篇又提出此二字與上篇第三章動靜中間求一語首尾相應楊公之旨抑亦微之顯矣夫

姜氏曰中篇一十二節共一百四十六句皆申明上篇第三章以下未盡之義以終平洋龍穴之变

姚氏曰此節總結統部之義也其地理巨門本出一原巨門有三奇地理有三吉巨門有六儀地理有六秀因人將下支方位排定版格而論陰陽以致誤世妙處乃取一動一靜配合雌雄交媾即是陰陽相見自有生生之道矣而青囊大旨盡此其下卷無非餘義而已

直解上數句言奇門之法世人用差所以不驗未

二句論陰陽動靜配合生生之妙陰陽非以山爲陰水爲陽又非以干爲陽支爲陰又非以四卦屬陽四卦屬陰又非以左水到右爲陽右水到左爲陰也動靜亦非以形動爲動形靜爲靜也此所謂動靜者即天主動動以靜而生地主靜靜以動而成如明得天地陰陽動靜生成之妙再細細尋其生生配合之妙立空之髓可造乎其極矣○靜即地凡有形者皆靜爲方爲隅形象之謂也動者天也曰空曰氣曰健無形之謂也動者運行于上無

一息之停萬物生生化化。成形成象何莫不由天之動而始也成形成象卽是靜卽是動以靜而生靜以動而成也地惟靜其所以生萬物卽是動動者皆天始之也天不得地則無所以生地不得天則無所以成乾統坤地承天惟動故能統惟靜故能承也所云陰陽動靜配合生生與上篇求穴于動靜之中相應。

下篇

蔣氏曰上中二篇歷叙山龍平洋正變之旨自始至

終有本有末。文雖斷續。而義則相蒙。下篇所言。不過前篇餘義而錯雜言之。無有條貫。每章各論一事。文無承接。義無照應。淺者極淺。深者極深。學者分別觀之可也。

尋得眞龍龍虎飛。水城屈曲抱身歸。前朝旗鼓馬相應。下後離鄉著紫衣。

蔣氏曰。此節專指山龍而言。眞龍之穴。龍虎分飛。非其病也。眞龍行急。龍虎之相隨亦急。急則兩砂之末。乘勢逆回。有似分飛。昔人指爲曜氣。正眞龍盡氣發露之象也。然情既向外。則人事亦應之。主子孫他方發達。謂之離鄉砂也。

姚氏曰。凡有諸家數學之書。不論何人。一覩皆可瞭然。必僞無疑。信而用之。其不誤人之事者幾希矣。緣天機不容顯言。先賢旣能明理。不敢有逆天命。雖惻然於中。傳書濟世。莫不推敲於章句。而用其深心者也。即此一節言山龍之兩砂齊逆。因五星之情性不同。且外象不足而論。蔣公能註精微玄妙之書。故曰情旣外向。主子孫他方發達。奈人之愚蒙。紛紛以作斷訣言形說象。王子孫離鄉始發。余本不應輕泄。今爲再辨。須當喚醒後人。既云靈氣發露。此是龍眞穴的。以能著其紫衣試恩。成名出仕。不離其鄉而居於本土。佐君治民者。乃古今罕有之事也。然書中實指之處。亦屬不少。未可槩作此想耶

〔直解〕此節言眞龍氣勢行急之象。恐人誤認爲曜氣。故特指之

乙字水纏在穴前。下砂收鎖穴。天然當中九曲來朝穴。悠揚潴蓄斗量錢。兩畔朝歸穴後欹。定然龍在水中蟠

若有聲爲數錢水催官上馬御階前

蔣氏曰自此以下八節皆平洋水局形體吉凶之辨。此節言曲水纏身之格欲在穴後正前篇所謂後龍空坐正穴也數錢水假借爲義俗而巧。

姚氏曰緣有下砂之收鎖以能抱後抱後本無有他合陰陽之氣而已蔣講曰三卦一氣通九世貴無敵節爲之合格雖點滴亦有神功而人之拘執必取曰小內大混題名目作夾龍撞簾川天元歌中云淺深濶狹辨龍車此何是賓太約乘車號乃龍此句是主

可見重於形局。不在水之大小而論矣。若不明其卦理。縱有內勢之如洋。猶似鏡花水月。不能措手。僅供眼前之清賞耳

直解此節專言平洋砂形水法之至美者也。

安墳最要看中陽。寬抱明堂水聚囊。出夾結成玄字樣。朝來鸞鳳舞呈祥。外陽起眼人皆見。乙字彎身玉帶長。更有內陽坐穴法。神機出處覓仙方。

蔣氏曰此言堂氣形局之美。至于內陽坐穴法。正前篇所謂來龍正坐及城門一卦之訣也。非神機仙術

烏足以語此

姚氏曰取明堂之寬曠。以能納水而如囊之所聚。始得疎通內外之氣。此於鳳舞鸞飛形局之美如此。必求妙訣方明其向則坐穴之法無錯矣

直解中陽外陽內陽卽內堂外堂玉帶乙字等語。總論形局砂水之至美者也。更有坐穴法句總承上文龍空氣不空城門一卦之得與弗得而申言之也。不拘內堂外堂水法總以止蓄團聚爲佳。水法團聚止蓄週迴自然相向有情。

水直朝來最不祥一條直是一條鎗兩條名爲插脇水
三條云是三刑傷。四水射來爲四殺八水名爲八殺殃。
直來反去拖刀殺。徒流客死少年亡時師只說下砂逆。
禍來極速怎堪當。塋圳路街如此樣。亟宜遷改免災殃

蔣氏曰此節極言直來凶格蓋水神最忌木火以其有殺氣無元氣也縱屬來朝亦有損無益況諸路交馳漏風沖泄乎旺元猶可衰運無噍類矣

姚氏曰形如木火因其煞之爲害尤烈必取於金水土者天元歌中云君應三垣并列宿三垣是貪狼巨

門武曲三星以應金水土也

直解此節專言直水之凶冲射者更凶路街田塍衝射者亦忌有則改之以免災殃

前水來朝又攏頭淫邪凶惡不知羞乾流自是名繩索自縊因公敗可憂

蔣氏曰此曲水凶格水神雖以曲為吉然曲處須節節整齊乃合星格若攏頭斜去及如繩索樣或大或小或疎或密或正或欹皆似吉而凶縱然發福必有破敗

姚氏曰。水本取曲。必得轉折整齊。如放束斜擺以同乾流。雖曲亦無情致。則吉內藏凶。反爲局之所忌。免强折之。其生變易。不可不愼耶。

直解 穴前水形。似曲非曲。似直非直者。謂之擺頭。似是而非。最易誤認。故特指之。水形如此。不拘左右前後。二宅均忌。

左邊水反長房死。右边水射小兒亡。水直若然當面射。中子離鄉死道傍。東西南北水射腰。房房横死絕根苗。貪淫男女風聲惡。曲背驪腰家寂寥。

左邊水反長房死離鄉忤逆皆因此右邊水反小兒傷
風吹婦女隨人走當面水反中男當斷定二房有損傷
左右中反房房絕切忌墳塋遭此劫
蔣氏曰以上數節雖義淺而辭鄙然其應甚速以其
切于用也故存之惟公位之分不可盡拘耳
姚氏曰反水雖屬至凶須辨在於何處不可槩論然
凶中未嘗無吉竟以微疵而去其甚有失大地貴於
變通取用亦能發福若妄援而爲之最易興災釀禍

宜遍天玉青囊都天寶照或言體或言用或兼體用而言千言萬語不外趨避兩字此兩節專指砂形水法衝射反跳而言如諸般凶山惡水即合用法切不可因其合用而取之也

一水裹頭名斷城下之雖發未爲榮兒孫久後房房絕水到砂收反主興

蔣氏曰平洋穴取近水三方皆可逼窄唯穴前明堂須寬容不迫展舒穴氣若一水裹頭穴無餘氣雖環抱亦不發若面前另有一枝水到則又引接水呈秀

其逼窄之氣有所發洩反不爲凶爾

姚氏曰內外之氣貴於順遂如若不能舒展其有病矣另有一枝水接則逼狹之氣由此導引而通愈通愈暢所以凶可變吉今人每每禁遏去流以爲可聚豈非自欲阻滯殊不解其意耳

【直解】形雖環抱狹而帶淺左右前後毫無闊狹生動之意名曰斷城又名裹頭裹頭之水穴前陽氣不舒最易敗絕似吉非吉故特辨之

茶槽之水實堪憂莫作蔭龍一例求穴前太偪割唇脚

不見案分反見愁

蔣氏曰穴前池塘水聚天心名蔭龍水本為吉局若硬直深坑形似茶槽既非佳格或明堂寬曠猶未見凶更加急葬穴氣太偏則有凶無吉矣同一穴前池水形局軟硬立穴緩急其應不同不可不深辨也

姚氏曰形體之吉凶不在於一池而論如格之既合無池亦佳苟非其局縱有百池之何為雖在寬緩形軟誠無一益之補加以硬直急葬實能發禍之深今人不明局之是否惟知開掘為照所謂二十四山有

火坑矣

直觝直硬深坑毫無動意謂之茶槽止蓄團聚照穴有情謂之應龍茶槽宜遠遠則不割應龍宜近近則得神切不可誤認而遠近錯用也

立武攞頭有多般未可槩然執一端或斜或側或正出須憑直節對堂安攞頭直出是分龍須取何家龍脈蹤大山出脈分三訣未許專將一路窮

蔣氏曰立武水來本合後空活龍之格宜為正坐之穴矣然亦須詳其來法以辨純雜定吉凶未可執一

也。蓋水有偏出正出不同，惟直節對堂安乃是真玄武水。若擺頭曲來而又直出前去，一曲一直之間能脈不一，是謂分龍，不必分兩道而後謂之分龍也。須察其曲來是何脈，直去是何脈，細細推詳而後可定其何家蹤跡，以便下卦。若是水大，則不止一宮之氣。正坐是一脈，偏坐又是一脈，偏右又是一脈，故云分三訣也。論坐後之脈精詳曲當，搜剔無遺，乃至于此，可謂明察秋毫者耶。

姚氏曰：其玄武水須看水之大小，至要察其來去曲

穴之間是否分能或側或正有無撥頭宜乎細加推詳未可牽强誤下耳

直解擺頭言水似曲非曲之狀玄武指穴後穴後之水或曲或直或向或背情狀不一難於盡舉只要與穴前一般排算故曰對堂安也

家家墳宅後高懸太陽不照太陰偏必主其家多寂寞男孤女寡實堪憐

蔣氏曰此節後空之義因世人都喜後高故復叮嚀如此人但知後高爲有坐托不知其掩蔽陽光而偏

照陰氣生機斬絕人口伶仃故有孤寡之應也可不戒與予觀人家穴後有挑築磚三重照山以補後托未有不大損人丁甚至敗絕無後者利害攸關特爲指出此節單言平洋格法若是山龍之穴又以後高爲太陽正照而吉後空爲太陽失陷而凶讀者莫錯會也

姜氏曰以上九節首節言山龍後八節言平洋背形局也

姚氏曰可嘆世之作墳者不獨後挑照山甚至不敢

量地盤之大小。用築圍墻。造設牌坊房屋。而將外吉水遮蔽。生氣阻塞。另孤女寡寶。出自取其咎[illegible]人之墓。有不樹不封之說。而定葬制。穴居野處者。其與天日之精華。以同水光之相照耳。

〔直解〕要在未立向以前。必先按其山向。排其五行。當空則空。當實則實。所謂龍空氣不空。龍實氣不實。卽此意也。高一寸爲山。低一寸爲水。高者當作山用。低者宜作水論。倘上山下水。顛倒悞用。則有寡夭之患矣。大凡山龍平崗及墩泡高埠以地氣爲主者穴後宜高水龍平洋及一切湖蕩圩邊凡以水氣爲主者穴後宜空切不可拘定後空爲是後高爲非只要後空得後空之用法後高得後高之用法總要隨地適宜高低各得不必拘拘於後空後實也

貪武輔弼巨門龍方可登山細認蹤水去山朝皆有地不離五吉在其中

蔣氏曰此節及下文九星皆指形局而言蓋見其星体合吉方登山而定其方位若形局方位皆吉即水

去亦吉今人動云第一莫下去水也謬矣

姚氏曰局之能合三星而後定卦詳其方位形如木火亦可不必細看矣上文言之再再吉凶倚閉復又咏嘆耳

直解此節尋辨峰巒形局五星九星正體變體形象之吉凶山形水勢星體巒頭既吉方登山細認乃尋龍之要訣便而捷且省登山涉水之勞矣所去五吉是兼貪兼輔之五吉謂形局都合再查水之去處果合補救出殺之妙用則來亦吉去亦吉

矣

砂祿廉文凶惡龍世人墳宅莫相逢若然誤作陰陽宅
縱有奇峰到底凶

蔣氏曰此二節專言平洋九星水法

姚氏曰形之不能周正則主其凶縱有水朝砂揖亦未能獲其吉應耳

直解此四龍形象之最惡者山龍平洋俱忌倘然悞作縱有奇峰不能爲福也〇水法九星曲者爲水直者爲木方正者爲土環抱者爲金直而尖者

爲火總而言之抱繞止蓄向穴有情者爲吉反背無情者爲凶如破軍祿存廉貞文曲諸般星體不論山龍平洋二宅均忌

本山來龍立本向返吟伏吟禍難當自縊離鄉蛇虎害作賊充軍上法塲明得三星五吉向轉禍爲祥大吉昌

蔣氏曰本山本向非子龍子向丑龍丑向倒騎龍之謂也蓋指八卦納甲而言山龍有納甲本卦向法皆淨陰淨陽其在平洋向法反不拘淨陰淨陽而以本卦納甲干支位位作返吟伏吟凶不可當三星與五

吉不同。三星吉龍體。五吉言卦氣。謂詳龍體卦氣之
中。即有天然向法。可不犯本宮。而災變爲祥矣
姚氏曰。形局既取三星。須當收金五吉。方爲合格。此
三星非是必得水兼於金土。土兼於金水。金兼於水
土之說。三者之中。得一則可取用。而向從納甲之卦
爲吉。之如此。因位位反吟之故耳

直解本山本向者。本元之旺氣到山也。本元之旺
氣到山。即是反吟伏吟。三星謂金水土三星。五吉
謂天元取輔。入地兼貪之五吉。果得三星五吉。即

能轉禍爲祥矣。細按前後兩個字反吟伏吟。由向而起。五吉亦由向而起。由此觀之。地之吉凶。其權在向也明矣。其權在五吉也更明矣。苟曉五吉三星之妙理。山水分用之要訣。方知在山謂本山。在水即爲十道。用得爲三吉。用失即是反吟。在水謂三吉。在山便是本山。數語當細細揣之。自得五吉三星補救直達之妙用矣。

龍真穴正誤立向。陰陽差錯悔吝生。幾爲奔走赴朝廷。
纔到朝廷帝怒形。緣師不曉龍何向。墳頭下了剎官星。

蔣氏曰此言龍穴雖眞而誤立本宮之向陰陽不和至于剋宮也蓋地理雖以龍穴爲重發與不發專由龍穴而立向坐宮又穴中迎神引氣之主宰此處不清潔如玉之瑕不成美器矣致廣大而盡精微又何可不詳審也耶此所謂向非以山向五行起長生爲消納也亦非小玄空生出剋出生入剋入之說學者愼之

姜氏曰以上四節皆言平洋理氣之用

姚氏曰地之成局其有眞穴而重又在於點穴出向

至於點穴前後左右之間不許有尺寸之差出向矣容有毫釐之錯雖局勢不一以三卦運之所管稍有更移則不為美璧禍福定於頃刻蔣公論子午卯酉四山龍一節內云乃於諸卦位中隨便立向由此人各臆度而為之不思下文則又以方圓為規矩所以辨正一書雖知難明即此上下之句截然相反其言隨便者乃局局之不同而言規矩者非但不容隨便即是尺寸毫釐之限耳天元歌中云毫釐尺寸要澄清緣與語內有來脈明堂不可偏又曰明堂十字有

玄微其明堂分言爲主故向亦作此說內有妙理存焉而俗師無知將墓門添向作此駭異之爲未省是何肺腑非如陽宅爲敷衍格局周遭墻坦比鄰疎密不一門一啓氣從此入而墳在於郊原曠野其氣皆可以入墓門死物豈能强牵氣之必由人倘不能於强何況於氣乎夫氣爲動物陽宅之不論大小而有牆垣氣之不致閉塞者因人之氣自與陰陽之氣相貫其人在內行動其氣亦是運之於是氣之不出他處其從於門以人之往來也而陰宅之不可築牆者

其骨乃屬定物。氣之不能舒展。則生機自塞矣。試問如無墓門之墳。其三向之說。又作何爲。勢必至將其柩分而立之。始遂若輩之意。且墓門不論在何方位。爲有損無益之物。故再言之耳

〔直解〕龍既眞。穴既的。誤立本宮陰陽差錯之向。自有剝官之患。此剝官即上節所言本山本向反吟伏吟之故也。非俗註所謂壬向之剝官。又非流破官旺之剝官。所謂剝官者。正是上山下水顛倒誤用官星受尅之剝官也

尋龍過氣尋三節。父母宗枝要分別。孟山須要孟山連。仲山須要仲山接。干商支耦細推詳。節節照定何脈長。若是陽差與陰錯。縱吉星辰發不長。一節吉能一代發。如逢雜亂便參商。

蔣氏曰。此節卦理。中上二篇論之已詳。反覆叮嚀。致其深切之意。又指明發福世代久暫之應。全在龍脈所數長短。故父母宗支要分別也。

姚氏曰。此言能得純吉。其發可許悠遠。略有差錯。必多變易。子孫安能耐久耶。

直解三節即格龍三節不亂之意父母宗枝是來龍來脈過峽起頂之宗枝分枝過峽起頂屬何卦之宗枝則如來龍來脈之合不合奏孟山仲山即子字出脈子字尋之意看雜何干來脈何干入首細細從來龍來脈上看到立穴處干與支體與用一絲不亂方謂之良如有一毫差錯則吉中有凶乃成美器矣可不加意細察乎是節辨純雜定吉凶看節數定久暫乃方位理氣之最要者也故叉叮嚀之耳

先識龍脈認祖宗。峰腰鶴膝是真蹤。要知吉地行龍止
兩水相交夾一龍。夫婦同行脈路明。須認劉郎別處尋
平洋大水收小水。不用砂關發福久。水口石似人物形
定出擎天調鼎臣

蔣氏曰、此節兼論山龍平洋。言山龍眞脈則取蜂腰鶴膝爲過峽。而平洋則不然。只取兩水相交爲來龍行脈。不在過峽上看脈也。但須脈上推求。識干支純雜。夫婦配合之理。如此宮不合。又當別求一宮。不可牽強誤下。故云劉郎別處尋。且山龍取砂爲關而平

洋不用砂關只要大水行龍收入小水結穴有此小水引動龍神千流萬派其精液皆注歸小水以蔭穴氣此平洋下穴秘旨一語道破混沌之竅鑿矣觀此則知所謂兩水相交非謂左右兩水會穴前而龍從中出謂之行龍也正謂大水與小水相交之處乃眞龍之行眞穴之止也既有此小水收盡源頭又何用砂水之爲我用與否豈砂之攔阻能強之者耶人且不可強而况于水若水口捍門此山龍大地雄峙一方之勢盡將山比擬楊公秘愼之旨互文隱意雖若

並陳大旨偏重平洋而以山龍相映發以辨其不同途爾貴學者言外會心若不知剖析而混爲一合之說將雜亂而無緒矣

姚氏曰山龍結地其有蜂腰鶴膝則此去不遠而平原之地不在過峽砂關之上推求惟有兩水之相交大水收大小水則結穴已在相近矣爲此並舉而言之其不重於大水因屬公共之物小水乃爲已有雖點滴均是元神且小水爲枝而枝乃取其嫩以是愈細愈能收盡源頭精液歸注於此凡生之菓不在本

皆在於枝出嫩而發所以龍有老嫩之分天元歌中云若遇嫩山并嫩水又曰若是嫩龍真是嫩卽此之謂也雖有此嫩枝枝能生菓然菓品甚多貴賤不一所產而各有地開花結實分時令之不同菓之色味大小不等生熟亦有不齊猶有耐久不耐久之別倘有嫩枝竟不生菓故有劉則別處尊之語曾序曰天下諸書斟不同其有同而不同之意耳

【直】艇束細者爲蜂腰收而略放者爲鶴膝此皆象形也衆水去處爲水口又爲去口內有眞結水口

必有大石當衆水之衝。關攔水口。其石如琴側印尺龜蛇牛馬之形者。定出擎天調鼎之臣。如積都之范墳。水中有稟石。俗呼曰魁星石。又宜與忠烈盧公之祖墳。水口有大石一塊。廣濶數丈。形方如印。正當衆水之口。忠烈亦是明季一代之人物。正是擎天之應驗也。

龍若直來不帶關。支兼干出是福山。立得吉向無差誤。催祿催官指日間。

蔣氏曰。此亦上下二篇所已詳。蓋以四正爲例。而其餘自在言外。非位位取地支也。

姚氏曰。地理妙用前已曲盡。精蘊無微不到。此篇皆是餘義。反覆咏嘆而已。

直解此節言山水二龍形雖帶直。只要不帶欹斜反跳僵直死硬。種種開殺。用得安妥。亦能發福。不可因其形直而棄之也。

乾坤艮巽脈過凹。節節同行不混淆。向對甲庚壬丙水。兒孫列土更分茅。仲山過脈不帶閃。三節山水同到前。斷定三代出官貴。古人準驗無虛言。

蔣氏曰此則坤言四隅龍格反取干神並不言及辰戌丑未則其非專重地支可知矣脈是內氣而向對之水是外氣兩不相妨也楊公辨龍審卦之妙口口訣重地支而本目實非重地支世人被他瞞過多矣豈知一隻眼逗漏于此節學者其切忽哉

姚氏曰此節言乾坤艮巽而不云及辰戌丑未上篇所謂夫婦宗且上文之四正支兼於干爲福山豈有四隅龍格就不可兼於辰戌丑未乎蔣公云世人被他瞞過多矣然公未嘗不是此意書中每於吃緊之

處何曾有片言之漏。其傳書不傳訣。恐犯天律耳。

〔直解〕上節言直來不帶關殺。則易。此節言屈曲而求其不雜則難。果能去來屈曲。節節整齊。夫婦同行。不偏不倚。一絲不亂。更兼山水純一。體用一氣。自有列土分茅之貴矣。過脈節數等語。總言世代久暫之應驗也。

發龍多向支神取。若是干神又不同。支若載干為夫婦。干若帶支是鬼龍。子癸為吉壬子凶。三字眞假在其中。乾坤艮巽天然穴。水來當面是眞龍。要識眞龍結眞穴。

只在龍脈兩三節。三節不亂是眞龍。有穴定然奇妙絕。
千金難買此玄文。福祿過者毋輕洩。依圖立向不差分。
萬貫榮華無休歇。時師不明勉強扦。雖發不久卽敗絕。
蔣氏曰。發龍多取支神。此乃用支之卦也。干神不曰
無取。而乃曰若是干神又不同。明明有用干之時。而
特與用支者不同爾。于帶支爲鬼龍。只就子癸壬子
一宮爲例。其眞與假三字之中。迥然差別。何以乾坤
艮巽獨名天然穴。蓋直以乾坤艮巽爲龍。不更轉尋
名相。故曰天然。若他龍則干支卦位。非一名矣。水來

當面是真龍此語石破天驚鬼當夜哭蓋乾坤艮巽之穴又與取支避干者不同觀此則寶照之訣實非單取支神洞然明白矣至於格龍之法只要兩三節不差錯則卦氣已全不必更多求于四五節之外恐人拘泥太過過著好龍當面錯過所以發此非楊公遷就之說也但此兩三節定要清純若到頭節數略有勉強不能無誤又戒作者須其難其慎也

姚氏曰二十四山皆有發龍本不拘於干支用干用支有用干支之好處干支兼取其有兼取之好處然

干支俱是現成名色用取在人而一宮之內何有吉凶眞假之分禍福其在一間耳所以山山皆有珠寶現今珠寶未嘗不是遍地天元歌所謂顛山顛水盡黄金誠哉斯語竟有論者曰某州某縣巳無佳穴以因自在夢中雖開其眼何能有知縱有可產珠寶之山能生黄金之地一經夢中人之手亦必變成火坑而已其云乾坤艮巽之意一者言非專重支神再者四隅之單用以無名相而曰天然非楊公不能出於此語無蔣公何能有石破天驚之註釋可稱雙絕矣

如格龍之說何必拘於節數形局純吉足可發福若過分多求則爲不及其到頭乃尤重也

直解 四正之龍支神爲主四隅之龍干神爲主正與維干與支妙在用支之卦則用支用干之卦則用干在用支之時則用支在用干之時則用干貴在各得其用耳惟乾坤艮巽又與用干用支者有異只求水來當面便是眞龍是非專重地支可知矣自三節不亂以下皆格龍之法也

一個星辰一節龍龍來長短定枯榮孟仲季山無雜亂

數亦人龍上九重節數多時富貴久一代風光一節龍

蔣氏曰此此亦論平洋龍神節數以定世代遠近之應總在行度之純雜上斷也

姜氏曰以上六節皆言平洋大五行之法蓋中上二篇所以明而反覆互見者也

姚氏曰此言發之長促在節數而定亦未可拘執於此而有論者曰山龍之能悠久水龍易歇幕講勝於蔣公殊不知水龍亦有大小不一山龍未嘗不是如此其發之長促位之尊卑在於地之大小而地之大

小乃出是二公有背付不肯付之間若不明妙旨竟如夢中能得實無二法諺云理字三人抬不動此言三才之理則一而已矣然而此書之章句并天元歌金口訣誠如蔣公之言訂其紕繆析其是非又曰然皆莊蒙所謂糟粕必求其精微則亦不在此也固是如此其合而參之毫無一語隻字之異始終莫不相符非如他部地理東牽西扯雜湊成書凡論均屬支離甚至一書之中前後自相矛盾其由非理之故耳

直解水法一曲一折便爲一節凡曲動處水之情

形總以相向抱穴有情者爲佳如龍來長短正謂愈曲而愈妙也曲多則易于夾雜如果曲曲折折或孟或仲均歸一路者大貴之地也世世代久暫之應都在曲折純雜向背上古驗也

地理辨正再辨直解卷之四終

地理辨正合編

杜陵蔣平階大鴻氏著　門人　臨安于鴻儀
會稽姜　垚　較正
錫山無心道人　評定

平砂玉尺辨僞總論

地理多僞書、平砂玉尺者、僞之尤者也、或曰、是書也、以世目覩之、儼然經也、子獨辨其僞、何居、曰、惟世皆以爲經也、余用是不能無辨、今之術家、守之爲金科玉律、如蕭何之定漢法、苟出乎此、不得爲地理之正道、術士非

世俗人情弊端一一指出

此不克行走家非此不敢信從以教其子師以傳其弟果能識此即可以自號于人曰堪輿家延之上坐操人身家禍福之柄而不讓拜人酒食金帛之賜而無愧是以當世江湖之客寶此書爲衣食之利器譬農之耒耜工之斧斤其于謀生之策可操劵而得也有朝開卷而成誦暮挾南車以行術者矣豈知其足以禍世如是之酷哉知其禍世而不辨余其無人心者哉或曰是書之來也遠矣子又安知其爲僞也乃從而辨之曰我亦辨之以理而已矣或曰此亦一理也彼亦一理也安知子

堪輿書籍有數十百種種種都是巒頭詳而且盡惟青囊寶照諸經自黃石公傳下及管郭楊曾都宗此法自唐一行起造法雜出以僞亂眞於是正法失傳僞法大行國初蔣平階先生受無極之學暗究多

之理是而彼之理非歟曰余邀惠于先之賢哲而授余以黃石青烏楊公幕講之秘要竊自謂于地理之道得之眞而見之確矣故于古今以來所謂地理之書無所不畢覽凡書之合于秘要者爲眞不合秘要者爲僞而此書不合之尤者也既得先賢之秘要又嘗近自三吳兩浙遠之齊魯豫章八閩之墟縱觀近代名家墓宅以及先世帝王聖賢陵墓古蹟考其離合正其是非凡理之取驗者爲眞無所取驗者爲僞而此書不驗之尤者也故敢斷其僞也蓋以黃石青烏楊公幕講斷之以名

年故作此書句句申明青學之奧言闢邪表正之深意也

家墓宅先世古蹟斷之非余敢以私見臆斷之也或曰然則秉忠之譔白泓之註非與曰此其所以爲僞也夫地理者裁成天地之道輔相天地之宜以經邦定國禍福斯民者也三代以上明君哲相無不知之世道下衰其不隱秘而寄之乎山澤之癯逃名避世之士智者得之嘗以輔翼與王扶持景運而其說之至者不敢顯然以告世也文成公之事明太祖其最著者矣及其沒也盡舉生平所用天文地理數學之書進之內府從無片言隻字育于家而教其子孫况肯著書立說以傳當世

凡有地理書都託於曾郭楊賴四大名家從古如斯謂之奈何惟讀者察其眞僞可也

耶故凡世本之稱青田者皆僞也均之佐命之英知青田則知秉忠矣或曰何是書之文辭井井乎若有可觀者也曰其辭近是其理則非蓋亦世之通人而不知地理者以意爲之而傳會其說託之乎二公者也余特指其謬而一一辨之將以救天下之溺于其說者

辨順水行龍

山龍之脈與平壤龍脈皆因水以驗其脈之動靜而皆不即水以限其脈之去來今先言山龍夫山剛質也水柔質也山之孔竅而水出焉故兩山之間必有一水山

長白鎮綏及口外一切是北幹太行山東泰山關中順天河南湖北及陝西徐此皆中幹龍凝即江南臨安即杭州從雲南貴州四川湖廣江西福建浙江天目背山九華諸山由寧國而至江寧即東南紅毛諸

窪下之處即水流行之道水隨山而行非山隨水而行也山之高者脈所從起山之卑者脈所從止山自高而卑故水亦從之自高而卑此一定之理也徃徃大溪大澗之傍小幹龍所憩焉大江大河之側大幹龍所休焉蓋來山之衆支聚乎此故來水之衆派亦聚乎七也然據水之順逆論脈之行止但可就其大概而言爾若必謂水于此界脈即于此斷水向左流脈必不向右行則不可也夫龍脈之起伏轉摺千變而不窮有從小溪小湖崩洪而過者矣有從大江大河越數十百里不知其

陽衛是門幹分枝大約長江與黃河發源之處即是南幹分枝分派之所

踪跡端倪而過者矣有收本身元辰小水逆行數里而結者矣有向大幹水逆奔數百里而結者矣龍之貞者水愈斷而其過脈愈奇勢愈逆而其骨力愈壯豈一水之橫流可過之使斷牽之使前乎今玉尺云順水直衝而逆回結穴方知體段之真若逆水直衝而合襟在後斷是虛花之地衆水趨歸東北而坤申之氣施生羣流來向震辰而乾亥之龍毓秀甲卯成胎不食酉辛之氣午丁生意豈聚坎癸之靈據此而言是天下必無逆水之龍也豈其然哉或曰子所言者山龍也玉尺所言平

壤也，故其言曰乾源曠野，鋪氈細認交襟，極隴平坡月角詳看住結，山龍有脈可據，故有逆水之穴，平壤無脈可尋，止就流神之去來認氣之行止，豈與山之過峽起伏同年而語乎，予生平專分山水二龍，以正告天下，何又執此論也，解之曰平壤固純以流神辨氣，與山之脈峽不同，至以水之來去為氣之行止，則我不取，我以為酉辛水到則甲卯之胎愈真，癸坎流來則午丁之靈益顯，坤申生氣衆水必無，東北之趨乾亥成龍，羣流必無巽辰之向，由此而言，玉尺不但于山龍特行特結之妙甚然未知且于平壤雕雜交錯之機大相背謬至其紛論三大幹龍而以爲北幹乃崑崙之丑艮出脈而龍皆坤申南幹乃崑崙之巽辰出脈而龍皆乾亥中條乃崑崙之寅甲卯乙出脈而龍皆庚酉辛註者遂實其辭曰北幹無離巽艮震穴中幹無震巽艮穴建康止有南離臨安止有坤兌入閩止有坤申固哉玉尺之言龍也夫舉天下之大勢大抵自兌之震自乾之巽自坤之艮者地勢之從高而下然也至于龍之剝換傳變豈拘一方眞脈件吉逆行大地每多翻祖若執此書順水直衝之

說過上格大地以爲不合理氣而棄之而專取傾瀉奔流蕩然無氣之地誤認爲眞結而葬之其詒害于人爲有限量余故不得已而叮嚀反覆以辨之也

辨貴陰賤陽

易曰立天之道曰陰與陽惟此二氣體無不具用無不包是二者不可偏廢故曰孤陽不生獨陰不長是二者未嘗相離故曰陽根于陰陰根于陽合陽而言陰者非陰也合陰而言陽者非陽也聖人作易必扶陽抑陰者何也曰道一而已故曰乾分而爲二而名之曰坤以兩

儀之對待者言曰陰陽以一元之渾然者言惟陽而已言陽而陰在其中矣而就人事言則陽爲君子陰爲小人內君子外小人爲泰內小人外君子爲否由此言之陽與陰不可分也苟其分之則貴陽賤陰如聖人之作易可也若貴陰賤陽是背乎聖人作易之旨而亂天地之正道也玉尺乃以艮巽震兌四卦爲陰之旺相而貴之以乾坤坎離四卦爲陽之孤虛而賤之即以納甲八干十二支丙納于艮辛納于巽庚納于震而亥卯未從之丁納于兌而巳酉丑從之十者皆謂之陰而貴以甲

納乾以乙納坤以癸納坎而子申辰從之以壬納離而午寅戌從之十者皆謂之陽而賤于是當世之言地理者不論地之眞僞若何凡見陰龍陰水陰向則概謂之吉而見陽龍陽水陽向則概謂之凶此乖謬之甚者也夫吉凶之理莫著于易易六十四卦各有其吉各有其凶八卦六十四卦之父母也豈有四卦純吉四卦純凶之理八干十二支亦然吾謂論地止論其是地非地不當論其屬何卦體屬何干支若果龍眞穴的水神環抱坐向得宜雖陽亦吉也若龍非眞來穴非眞結砂飛水

背坐向偏斜雖陰亦凶也又拘所謂三吉六秀而以爲出于天星考之天官家言紫微垣在中國之壬亥方而太微垣在丙午方天市垣在寅艮方且周天二十八宿分布十二宮皆能爲福皆能爲災地之二十四干支上應列宿亦猶是也何以在此爲吉在彼爲凶此與天星之理全乎不合至謂乾坤爲老亢辰戌爲魁罡丑未爲暗金殺種種悖理夫乾坤乃諸卦之父母六子皆其所産何得爲凶老嫩之辨在于龍龍之出身嫩卽乾坤亦嫩也龍之出身老卽巽辛兌丁亦老也斗之戴匡爲魁

斗柄所指爲天罡此樞斡四時斟酌元氣造化之大柄也理數家以爲天罡所指衆煞潛形何吉如之而反以爲凶耶五行皆天地之經緯何獨忌四金且庚酉辛金之最堅剛者也既不害其爲吉而獨忌四隅之牆金甚無謂矣諸如此類管郭楊賴從無明文不知妄作流毒天下始作俑者其無後乎我不禁臨文而三歎也

一辨龍五行所屬

盈天地間止有八卦先天之位曰乾坤定位山澤通氣風雷相薄水火不相射八卦總之陰陽而已山陽澤陰

雷陽風陰、火陽水陰、皆兩儀對待之象、對待之中化機出焉、所謂立牝之門、是爲天地根、一陰一陽之謂道、八卦者、天地之體、五行者、天地之用、當其爲體之時、未可以用言也、故坎雖爲水、此先天之水、不可以有形之水言也、離雖爲火、此先天之火、不可以有形之火言也、故艮爲山、而不可以土言也、兌爲澤、而不可以金言也、震巽爲風雷、而不可以木言也、故以八卦屬五行、而論龍之所屬者、皆非也、若論後天方位八卦、而以坎位北而爲水、以離位南而爲火、以震位東而爲木、以兌位西而爲金似矣四隅皆土也又何以巽木乾金不隨四季而隨春秋耶此八卦五行之一謬也及論二十四龍則又造爲三合之說復傅（音補俗作附非）會之以雙山更屬支離牽強而全無憑據夫既以東南西北爲四正五行則巳丙丁皆從離而爲火亥壬癸皆從坎而爲水寅甲乙皆從震而爲木申庚辛皆從兌而爲金辰戌丑未皆從四隅而爲土猶之可也今又以子合辰申而爲水并其鄰之坤壬乙亦化爲水以午合寅戌而爲火并其鄰之艮丙辛亦化爲火以卯合亥未而爲木并其鄰之乾甲丁亦

化爲木以酉合巳丑而爲金拆其鄰之巽庚癸亦化爲金論八卦則卦爻錯亂論四令則方位顛倒此三合雙山之再謬也所謂多岐亡羊朝令夕改自相矛盾不特悖于理義而亦不通于辟說者矣又以龍脈之左旋右旋而分五行之陰陽曰亥龍自甲卯乙丑艮寅壬子癸方來者爲陽木龍亥龍自未坤申庚酉辛戌乾方來者爲陰木龍其餘無不皆然謬之謬者也又以龍之所屬而起長生沐浴冠帶臨官帝旺衰病死墓絕胎養又以龍順逆之陰陽分起長生曰陽木屬甲長生在亥旺于

卯墓于未陰木屬乙長生在午旺于寅墓于戌其餘無不皆然舉世若狂以爲定理眞可哀痛夫五行者陰陽二氣之精華散于萬象周流六虛盈天地之內無處不有五行之氣無物不具五行之體今以龍而言則直者爲木圓者爲金曲者爲水鋭者爲火方者爲土又窮五行之變體而曰貪狼木巨門土祿存土文曲水廉貞火武曲金破軍金左輔土右弼金五行之變盡矣此楊曾諸先覺明目張膽以告後人者也夫此九星五行者或爲起祖之星或爲傳變之星或爲結穴之星或爲夾從

輔佐之星或兼二或兼三或兼四甚而五星傳變則地大不可名言、此以見五行者變化之物、未有單取一行不變以爲用者也、今不于龍體求五行之變化而但執方位論五行之名、是使天地之生機、不變不化、取其一盡廢其四矣、又從方位之左右旋、分五行之陰陽、是使一氣之流行、左支右絀、得其半、并未全其一矣、試以物産言之、隨地皆生五材、若曰南方火地、無大水、北方水地、不火食、西方金地、不産各材、東方木地、不産良金、有是理乎、試以稟性言之、盡人皆具五德、若曰東方之人皆無義西方之人皆無仁北方之人皆無禮南方之人皆無智有是理乎且獨不觀四時之流行乎春氣一噓而萬物皆生不特東南生而西北無不盡生秋氣一肅而萬物皆落不特西北落而東南無不盡落是生殺之氣不可以方隅限也又不觀五材之利用乎棟梁之木遇斧斤而成材入冶之金須煅煉而成器大塊非耒耜不能耕耘清泉非爨燎不能飲食道家者流神而明之故有水火交媾金木合并之義以爲大用作用即大易既濟歸妹之象也故曰識得五行顛倒顛便是大羅

仙相生者何嘗生相尅者何嘗尅乎今玉尺曰癸壬來自兌庚乃作體全之象坎水迴歸寅卯名爲領氣之神金臨火位自焚厥屍木入金鄉依稀絕命火龍艮見兌庚遇兆辰而自廢東震愁逢火刦見西兌而傷魂是山川有至美之精英而以方位廢之也且五行之論生旺墓而亦限之以方位其說起于何人若以天運言則陽升則萬物皆生陰升則萬物皆死無此生彼死此死彼生之分也若以地脈言有氣則在在皆生無氣則在在皆死無此生彼墓此旺彼衰之界也今龍必欲自生趨

旺自旺朝生水必來于生旺去于囚謝砂之高下亦如之皆因誤認來龍之五行所屬于是紛紛不根之論咸從此而起也更有謂龍之生旺墓若不合則有立向消納之法或以坐山起五行或以向上論五行不知山龍平壤皆有一定之穴生成之向豈容拘牽字義以意推移朝向論五行固爲乖謬坐山論五行亦未爲得也玉尺又兩可其說曰可合雙山作用法聯珠之妙宜從卦例推求尊納甲之宗又何其鼠首兩端從無定見耶我願世之學地理者山龍止看結體之五星平壤止看水

城之五星此乃五行之眞者苟精其義雖以步武楊賴亦自不難至于方位五行不特小玄空生尅出人宗廟洪範雙山三合斷不可信即正五行八卦五行亦不可拘此關一破則正見漸開邪說盡息地理之道始有入門嗟呼我安得盡洗世人之肺腸而曉然告之以玄空大卦天元九氣之眞訣使黃石青囊之秘昭昭乎若揭日月而行也哉

辨四大水口

夫四大水口有至理存焉楊公書中未嘗發露惟希夷

先生闡闢水法倡明八卦之理而四大水口之義寓于其中此乃黃石公三字青囊所固有楊公特秘而不宣即希夷猶引而不發也今人不知天元八卦之妙用妄以凡庸淺見測之遂以爲辰戌丑未爲五行墓庫之方輒以三合雙山傅會之曰乙丙穴而趨戌辛壬會而聚辰斗牛納丁庚之氣金羊收癸甲之靈嗚呼謬矣以三合五行起長生墓庫之非即龍上五行左旋爲陽右旋爲陰而同歸一庫穿鑿不通之論前篇皆已辨之獨此四大水口原屬卦氣之妙用青囊之正訣而亦爲此輩

牽合錯解以爲亂眞余初閱卷至此不勝扼腕故又特舉而言之夫圖南先生八大局皆從洛書八卦中求一卦有一卦之水口舉四隅之卦而言則有四若兼四正之卦而言其實有八然撮其要旨即一水口而諸卦之理已具學者苟明乎此山河大地布滿黄金矣特以天心所秘非人勿傳故不敢筆之于書聊因俗本微露一端任有夙慧者死心自悟若以爲陽艮龍丙火交于乙墓于戌陰亥龍乙木交于丙亦墓于戌以爲天根月窟雌雄交媾立竅祖通種種癡人說夢總因誤認諸家五

行不知卦氣之理以訛傳訛盲修瞎煉吾徧觀古來帝王陵寢以及公卿名墓何嘗有合此四語者若用此四語擇得合格之地總與地理眞機無涉其爲敗絕亦猶是也所謂勞而無功聞余言者不識能惕然有動于中否

辨陰陽交媾

天地之道不過一陰陽交媾而已天地有一大交媾萬物各有一交媾變變化化施之無窮論其微妙莫可端倪而實有其端倪故曰立牝之門是爲天地根地理之

道若能見雌雄交媾之處則下卷書體皆可付之祖龍矣斯理甚秘而實在眼前君一指明瞭目可覩然斷不從五行生旺墓上討消息也玉尺乃曰有乙辛丁癸之婦配甲庚丙壬之夫又曰陰遇陽而非其類號曰陽差陽見陰而非其耦名曰陰錯仍取必子乙丙之墓戌辛壬之墓辰丁庚之墓丑癸甲之墓未此眞三家村學究之見也夫陰陽之交媾自然而然不由勉強亦活潑潑地不拘一方豈可以方位板格死煞排算乎即以天地之交媾者言天氣一降地氣一升而雨澤斯沛矣子能

預定天地之交于何方合于何日乎更以男女之交媾者言陽精外施陰血內抱而胎元斯孕矣予能預擬胎孕之何法而成何時而結乎知天地男女之不可以矯揉造作則知地理之所謂天根月窟亦猶是矣彼惟楊公都天寶照言之綦詳不曾金針暗度余因辨玉尺之謬而偶泄于此具神識者精思而冥悟之或有鬼神之告也

辨砂水吉凶

今之地理家分龍穴砂水為四事或云龍雖好穴不好

或云龍穴雖好。砂水不好。何異癡人說夢。古之真知地理者。只有尋龍定穴之法。無尋砂尋水之法。証以雖有四者之名。而其實一而已矣。穴者龍之所結。水者龍之所源。砂者龍之所衛。故有是龍則有是穴。有是穴則有是砂水。未有龍穴不真而砂水合格者也。亦未有龍真穴的。而砂水不稱者也。玉尺反曰、龍穴之善惡從水、猶女人之貴賤從夫。穴雖凶而水吉、尚集諸祥。是以本為末、以末為本、顛倒甚矣、且其所謂吉凶者、只取四生三合、雙山五行。論去來之吉凶。而以來從生旺。去從墓絕。

者爲吉反此者爲凶既屬可笑又以砂水之在淨陰方位者爲吉在淨陽方位者爲凶尤爲拘泥夫水之吉凶只辨天元衰旺之氣砂者借賓伴主只要朝拱環抱其形尖圓平正秀麗端莊皆爲吉曜若斜飛反去破碎醜拙則爲凶殺或題之曰文筆曰誥軸曰御屏曰玉几曰龍樓曰鳳閣曰仙橋曰旗幟曰堆甲屯兵曰烟花粉黛諸般名色皆以象取之類應之而不可拘執亦須所穴脊果是眞龍胎息精靈翕聚而后一望臚列皆其珍膳爾假如一山數塚同見貴砂而一塚獨發其餘皆否豈

非貴之與賤在龍穴而不關于砂、乎況四神入國並起星峰皆堪獻秀、何必淨陰之位則吉淨陽之位則凶、龍穴無貴陰賤陽之分砂水又豈有貴陰賤陽之分耶其云文筆在坤申為詞訟、旌旗見子午為劫賊、高峰出南離恐驚囘祿、印星當日馬必遭瞽疾、乾戌有鼓盆之殺、坤流為寡宿之星、寅甲水瘋疾纏身、乙辰水投河自縊、又云未離胎而夭折、多因沖破胎神、纔出世而身亡、蓋為擊傷生煞、四敗傷生、雖有子而母明父暗、旺神投落、恐居官而淫亂可羞、諸如此類、不可枚舉、立辭愈巧、其理愈虛。一謬百謬。難以悉辨。總其大旨曰。爍五行。衰旺之說。破陰陽貴賤之名。可以論龍穴。即可以論砂水矣。我于是書。取其四語。曰本主興隆。殺曜變爲交曜。龍身微賤。牙刀化作屠刀。此則沙中之金。石中之玉也。采葑采菲。無以下體。故特舉而存之。

辨八煞黃泉祿馬水法

水法中有祿上御街。馬上御街。其說鄙理不經。而最能使俗人艷慕。又有黃泉八煞二種禁忌。使人望而畏之若探湯焉。我以爲其說皆妄也。夫祿馬貴人起例見于六壬在易課中已屬借用與地理祿命皆無干涉世人學術無本一見干支便加祿馬推命家用之地理家亦用之東那西借以張之子孫繼李之宗祖血脈不通鬼神不享此在楊曾以前從不見于經傳後之俗子妄加添設不辨自明夫地理之正傳止以星體爲巒頭卦爻爲理氣舍此二者一切說立說妙且無所用之況其鄙俗之甚者乎其所稱馬貴者亦有之矣曰貴人曰天馬此皆取星峰而爲名不在方位也水之御街亦以形論非以方言至于八煞黃泉尤無根據全然揑造更與借

用者不同夫天地一元之氣周流六虛入卦方位先天後天互爲根源環相交合相濟爲用得其氣運則皆生違其氣運則皆死但當推求卦氣之興衰以爲趨避耳從無此卦忌見彼卦此爻忌見彼爻之理若失氣運則巽見辛艮見丙兌見丁坤見乙坎見癸離見壬震見庚乾見甲本宮納甲正配尚足以興妖發禍若得氣運雖坎龍坤兔震猴巽雞乾馬兌蛇艮虎離豬而卦氣無傷諸祥自致我謂推求理氣者須知有氣運隨時之眞殺實無卦爻配合之煞曜今眞煞之刻期刻應剝膚切骨

者不知避而拘拘忌八曜之假殺亦可悲矣黃泉即四
大水口而強增名色者也故又曰四箇黃泉能殺人辰
戌丑未爲破軍四箇黃泉能救人辰戌丑未爲巨門故
又文飾其名曰救貧黃泉大既重九星大玄空水法則
不當又論黃泉矣何其自相矛盾一至于此或亦高人
心知其誣而患無以解世人之惑故別立名色巧爲寬
譬耶未可知也其實則單論三吉水可矣不必論黃泉
也且黃泉所忌于彼所言淨陰淨陽三合生旺墓水法
皆不盡合若論陰陽則乙忌巽是矣而丙則同爲純陰

庚丁忌坤中癸忌艮辛忌乾是矣而壬則同爲純陽偏以亦忌此于淨陰淨陽自相矛盾也若論三合五行則乙水向見巽丁木向見坤辛火向見乾癸金向見艮同爲墓絕方忌之是矣丙火向見巽庚金向見坤壬水向見乾甲木向見艮皆臨官方也何以亦忌此于三合雙山自相矛盾也我卽彼之謬者而以証其謬中之謬雖有蘇張之舌亦無辭以復我矣玉尺遂備其說曰八殺黃泉雖云惡曜若在生方例難同斷此眞掩耳盜鈴之術既云惡曜矣又焉得云生方既云生方矣又焉得稱

惡曜孰知惡曜固不眞而生方亦皆假也或者又爲之辭曰黃泉忌水去而不忌來或又曰忌水來而不忌去總屬支離茫無一實我謂運氣乘旺雖黃泉而但見其福運氣當衰雖非黃泉而立見其禍苟知其要不辨自明而我偲偲然論之不置者以世人迷惑已久如墮深坑無力自脫多方曉譬庶以云救也嗚呼當世亦有見余此心者耶

辨分房公位

夫葬者所以安親魄也親魄安則衆子皆安親魄不安

則衆子皆不安。今之世家巨族。往往累年不葬。甚至遲之又久。終無葬期。一則惧于以擇地爲難。再則惧于拘分房之說。一子之家猶可。子孫愈多。爭執愈甚。遂有挾私見以提防。用權謀以自便者矣。有時得一吉地。惑于旁人之言。以爲不利于已而阻之者。阻之不已。竟葬凶地。同歸于盡。亦可哀哉。原其故。皆地理書公位之說。爲之禍根。使人滅倫理。喪良心。無所不極其至也。豈知葬地如樹木。根荄得氣。則衆枝皆榮。根荄先撥。則衆枝皆萎。亦有一枝榮。一枝萎者。外物傷殘之耳。葬親者但論其地之吉凶斷不可執房分之私見吾觀歷來名宗巨室往往共一祖地各分均發者甚多亦有獨發一房或獨絕一房者此有天焉不可以人之智巧爭也或問曰然則公位之說全謬矣又何以有獨發獨絕者耶曰是固有之而非世人之所知也其說在易曰震爲長男坎爲中男艮爲少男巽爲長女離爲中女兌爲少女孟仲季之分房由此而起也然其中有通變之機非屬此卦卽應此子應此女之謂也玉尺乃云胎養生沐屬長子冠臨旺衰屬仲子病死墓絕屬季子卽就彼之言以折

[illegible]玉合紋[illegible]有之玉之生則諸子皆生矣旺則諸子皆旺矣死絕則諸子皆死絕矣何爲以此屬長以此屬仲以此屬季曰亦以其漸耳折之曰以爲始于胎養經而之旺既而死絕似矣若有四子以往則又當如何耶其轉而歸于生旺耶抑另設何名以應之耶此不足據之甚者也世人愼勿惑子其說也

總論後

蔣子作玉尺辨僞既成或問曰子于是書詆謬辨之則既詳矣子謂吉凶之理存乎地而非方位之所得而限

也。然則八干四維十二支舉無有吉凶之當論乎曰何為其然也我正謂八干四維十二支皆分屬乎卦氣夫卦氣吉凶之有辨溢灼灼矣而持非淨陽淨陰雙山三合生旺墓之云云也乃若青囊正理方位之辨實有之其秘者不敢宣泄姑就玉尺之支以概舉之玉尺所畏者曰乙辰曰寅甲而以青囊言之乙之與辰寅之與甲相去不啻千萬里也有時此吉而彼凶有時此凶而彼吉者矣所最羨者、曰巽巳丙而以青囊言之巽巳之與丙相去亦不啻千萬里也有時此吉而彼凶有時此凶而彼吉者矣所最欲分別而不使之混者曰丙午丁曰乾亥曰甲卯乙曰辰巽曰丑艮寅而以青囊言之午之與丙丁亥之與乾卯之與甲乙巽之與辰丑寅之與艮所爭不過尺寸之閒而已有時而吉則必與之俱吉有時而凶則必與之俱凶矣今乃于其當辨而不可不辨者如黃精之與鈎吻附子之與烏頭一誤用之而足以入口傷生者反置之不辨于其易辨而可以不辨者如白粱之與黑秬異色而皆可以養人堇之與鵪異類而皆可以殺人者屑屑焉悉舉而辨之彼自以為智而乃

天下之大愚也。且生旺死絕之說，青囊未嘗不重之。故葬書曰：葬者，乘生氣也。卦氣之所謂生，非三合五行之所謂生。卦氣之所謂旺，非三合五行之所謂旺。卦氣之所謂死絕，非三合五行之所謂死絕。且地氣之大生旺不知趨，而區區誤認一干一支之假生旺而求迎之；地氣之大死絕不知避，而區區誤認一干一支之假死絕而思避之。悲夫！所謂雀以一葉障目，而謂彈者之不我見也。以此爲已，適以害已；以此爲人，適以害人而已。故夫玉尺之于地理，猶鄭聲之于雅樂，楊墨之于仁義，一

是一井勢不兩立實有關于世道之盛衰天地之氣數

竊聞嘉靖以前其書尚未大顯至萬歷時有徐之鏌者爲之增釋闡揚而梓行之于是江湖行術之徒莫不手握一編以來食于世至今日而惑于其說者且徧天下也悖陰陽之正干天地之和與假擾五行危棄三正者同其禍患有聖人者出而誅非聖之書于陰陽一家必此書爲之首嗚呼此書一毀世運何由而息水火生民何由而躋仁壽哉我拭目望之矣

平砂玉尺辨僞總括歌　會稽姜垚汝皋撰

萬卷堪輿總失真。平砂玉尺最堪嗔。二劉名姓憑伊冒。
豈有當年手澤存。開國伯溫成佐命。曾將妙訣定乾坤。
晚年一篋青囊秘。盡作天家石室珍。天寶不容人漏泄。
忍將隱禍中兒孫。片言隻字無留影。肯借他人齒頰名。
秉忠亦是元勲列。敢冐嫌疑著此經。世上江湖行乞者。
只貪膚淺好施行。戶誦家傳如至寶。興災釀禍害生民。
幸遇我師乘憫救。苦心辨駁著斯文。竊恐愚夫迷不悟。
括成俚句好歌吟。願君細察歌中意。莫枉宗陽一片心。
天下山山多順水。此是行龍之大體。眞龍發足不隨他。

定是轉關星特起。特起之龍變化多。渡水逆行不計要
玉尺開章說順龍。順水直衝爲大旨。水來甲卯免不收。
水來丁午坎不取。必要隨流到合襟。直瀉直奔名漏髓。
全無眞息蔭龍胎。山穴平陽皆失勳。勸君莫聽此胡言。
悞向順流探脈理。八方位位有眞龍。爻象干支總一同。
山脈陰陽分兩界。此是天然造化工。陽脈出身陽到底。
陰脈出身陰爲宗。從無僞來并僞落。豈有貴賤分雌雄。
若是眞胎成骨相。乾坤辰戌也崢嶸。若是空亡無氣脈。
巽辛亥艮盡招凶。品水評砂原一例。三吉六秀有何功。

勸君莫聽此胡言。旺相孤虛埋不通。五行相生與相尅。
此是後天精粗質。山川妙氣本先天。生不須生尅非尅。
木行金地反成材。火入水鄉眞配匹。南離爐治出眞金。
陰陽妙處全須逆。原說五行顛倒顛。庸庸之輩何能識。
先天理氣在卦爻。生旺休囚此中出。量山步水總一般。
立向收砂非二格。爻有長生及官旺。全無墓庫與死絕。
卦若旺時路路通。卦若衰時路路塞。有人識得卦興衰。
眼前盡是黃金陌。納甲本是卦中玄。用他配合皆非的。
堪笑三合及雙山。玄空生出并尅出。更有祿馬及救文。

咸池黃泉八曜煞庸奴只把掌心輪誤盡天涯聰慧客
勸君莫聽此胡言五行須覓眞消息雌雄交媾太陰陽
月窟天根卦內藏此是乾坤造化本會時便號決中王
楊公說箇團團轉一左一右兩分張明明指出夫和婦
有箇單時便是雙二十四山雙雙起八卦之中定短長
豈料庸奴多錯解干支字上去商量誤起長生分兩局
會同墓庫到其鄉未曾曉得眞交媾那裏懷胎與父孃
我卽汝言求教汝陰陽指氣不指方用庚丙壬是陽位
有時占陰不與陽乙辛丁癸是陰位有時占陽卽與陽

陰。陽。亦。在。干。支。上不用排來死煞方眼前夫婦不識得

那。將。寡。婦。守。空。房。勸君莫聽此胡言立穀相通别主張

四大水口歸其位此是卦之眞匹配如何說到墓庫方

左旋右旋來傳附字俗說會四水四卦逐元輪一元一卦乘

旺氣周流八卦逐時新會者楊公再出世今將墓合作

歸源失運失元迴煞氣勸君莫聽此胡言陽差陰錯非

斯義公位亦自卦中來長少中男各有胎不論干支并

龍脈如何亦取三會推胎養生沐乃云長仲子冠以及

旺衰少子病死并墓絕若然多子作何排世人信此爭

房分停喪不葬冷爲戾更起陰謀相賊害傷倫蔑理召天災陷人不孝並不睦此卷僞書作禍胎我願今人只求地得地安親大本培親安衆子皆蒙慶休把分房去亂猜試看閥閱諸名墓一祖枝枝産衆材分房蓋爲分陽宅莫論偏苛到夜臺平砂一卷何人作注解翩翩尤醜惡添圖添局兇覡模強把山川牢束縛從謙失郤布衣宗之鏌直是追魂鑿嘉隆以上無此書萬曆中年方撲朔從此家家無好墳迄今徧地成蕭索焉得將書付祖龍免使驚生遭毒藥

終

占筮類

星命類

32	命學探驪集	【民國】張巢雲	發前人所未發 稀見民初子平命理著作
33	澹園命談	【民國】高澹園	
34	算命一讀通——鴻福齊天	【民國】不空居士、覺先居士合纂	
35	子平玄理	【民國】施惕君	
36	星命風水秘傳百日通	心一堂編	
37	命理大四字金前定	題【晉】鬼谷子王詡	源自元代算命術
38	命理斷語義理源深	心一堂編	稀見清代批命斷語及活套
39－40	文武星案	【明】陸位	失傳四百年《張果星宗》姊妹篇　千多星盤命例　研究命學必備
相術類			
41	新相人學講義	【民國】楊叔和	失傳民初白話文相術書
42	手相學淺說	【民國】黃龍	民初中西結合手相學經典
43	大清相法	心一堂編	重現失傳經典相書
44	相法易知	心一堂編	
45	相法秘傳百日通	心一堂編	
堪輿類			
46	靈城精義箋	【清】沈竹礽	沈氏玄空遺珍 玄空風水必讀
47	地理辨正抉要	【清】沈竹礽	
48	《玄空古義四種通釋》《地理疑義答問》合刊	沈瓞民	
49	《沈氏玄空吹虀室雜存》《玄空捷訣》合刊	【民國】申聽禪	
50	漢鏡齋堪輿小識	【民國】查國珍、沈瓞民	失傳已久的無常派玄空經典
51	堪輿一覽	【清】孫竹田	
52	章仲山挨星秘訣（修定版）	【清】章仲山	章仲山無常派玄空珍秘 門內秘本首次公開 沈竹礽等大師尋覓一生末得之珍本！
53	臨穴指南	【清】章仲山	
54	章仲山宅案附無常派玄空秘要	心一堂編	玄空六派蘇州派代表作
55	地理辦正補	【清】朱小鶴	簡易・有效・神驗之玄空陽宅法
56	陽宅覺元氏新書	【清】元祝垚	釋玄空廣東派地學之秘
57	地學鐵骨秘　附　吳師青藏命理大易數	【民國】吳師青	玄空湘楚派經典本來面目 有別於錯誤極多的坊本
58－61	四秘全書十二種（清刻原本）	【清】尹一勺	

91	地學形勢摘要	心一堂編	形家秘鈔珍本
92	《平洋地理入門》《巒頭圖解》合刊	【清】盧崇台	平洋水法、形家秘本
93	《鑒水極玄經》《秘授水法》合刊	【唐】司馬頭陀、【清】鮑湘襟	千古之秘，不可妄傳匪人
94	平洋地理闡秘	心一堂編	雲間三元平洋形法秘鈔珍本
95	地經圖說	【清】余九皋	形勢理氣、精繪圖文
96	司馬頭陀地鉗	【唐】司馬頭陀	流傳極稀《地鉗》
97	欽天監地理醒世切要辨論	【清】欽天監	公開清代皇室御用風水真本
三式類			
98－99	大六壬尋源二種	【清】張純照	六壬入門、占課指南
100	六壬教科六壬鑰	【民國】蔣問天	由淺入深，首尾悉備
101	壬課總訣	心一堂編	過去術家不外傳的珍稀六壬術秘鈔本
102	六壬秘斷	心一堂編	
103	大六壬類闡	心一堂編	
104	六壬秘笈——韋千里占卜講義	【民國】韋千里	六壬入門必備
105	壬學述古	【民國】曹仁麟	依法占之，「無不神驗」
106	奇門揭要	心一堂編	集「法奇門」、「術奇門」精要
107	奇門行軍要略	【清】劉文瀾	條理清晰、簡明易用
108	奇門大宗直旨	劉毗	天下孤本　首次公開　虛白廬藏本《秘藏遁甲天機》
109	奇門三奇干支神應	馮繼明	
110	奇門仙機	題【漢】張子房	奇門不傳之秘　應驗如神
111	奇門心法秘纂	題【漢】韓信（淮陰侯）	
112	奇門廬中闡秘	題【三國】諸葛武侯註	
選擇類			
113－114	儀度六壬選日要訣	【清】張九儀	清初三合風水名家張九儀擇日秘傳
115	天元選擇辨正	【清】一園主人	釋蔣大鴻天元選擇法
其他類			
116	述卜筮星相學	【民國】袁樹珊	民初二大命理家南袁北韋
117－120	中國歷代卜人傳	【民國】袁樹珊	南袁之術數經典